日経BP総研 2030展望

ビジネスを揺るがす 100のリスク

日経BP総研 編著

日経BP社

はじめに　リスクをチャンスに変えよう

強烈な危機意識……日経BP総研が今回、総力を挙げて本書『100のリスク』を書き上げ、発行する理由は、これにつきます。

産業の秩序が壊れ始めています。自動運転の姿が見えてきた自動車業界は「百年に一度」と言われる大変革を迎える覚悟を固めつつあります。流通業界は米アマゾン・ドット・コムや中国の百度などインターネット企業の参入によって既存の枠組みを壊されましたが、反撃する動きも出てきています。金融業界や製薬業界は「アマゾンエフェクト（アマゾンが参入することによる業界の変革）」に戦々恐々としています。新しいプレーヤーやテクノロジーが「産業の再定義」を引き起こし、いままで築いてきた産業構造とビジネスモデルを変え、業界ルールを壊していきます。

ビジネスパーソンの皆様はこのことにすでに気付いておいででしょう。しかし、「もう少し先の話」「手を打っているからうちは大丈夫」と受け止めていないでしょうか。実はそれこそが最大のリスクだと考えています。

産業がガラッと変わるのはいつでしょう。「二〇三〇年」「二〇四五年」など長期の見通しとして捉えることが多いようです。確かに「もう少し先の話」です。既存の巨大産業が新しい産業に変わるまで十年、二十年という期間がかかります。これから売上が半分になってしまうビジネスがあるとします。大問題ですが二十年かかるとすると年率換算で前年比三・五パーセント減でしかありません。そのくらいならなんとか挽回できると経営者は考え、原価低減に取り組み、他社から顧客を奪い、シェアを伸ばそうとし、「手を打っているから大丈夫」とつぶやきます。
しかし、変化は進行していますから、結局、三・五パーセントずつ売上は減っていきます。そういう企業がどうなるか想像してみます。社内ではコスト削減が大きく叫ばれ、不採算部門が閉じられ、人員は配置転換ないし削減されます。売上が予算に届かないと責任をなすり付け合います。経営者は現場のせいにし、従業員は経営者のふがいなさを嘆きます。優秀な人材は外部から集まりません。まさに負のスパイラルです。

このような状況を打開したいという強い思いから、あえてビジネスを揺るがすリスクを百件、提示します。リスクとは不確実な何かですから、腹をくくって先手を打てば回避できます。さらにリスクを逆手にとってチャンスに変え、正のスパイラルを起こせます。

さまざまなリスクを洗い出したのは日経BP総研の研究員とコンサルタント総勢八十人です。多くは専門雑誌で記者やデスク、編集長を務め、ビジネスとテクノロジーの栄枯盛衰を目撃してきました。この経験を生かし、現在は企業や社会の課題達成を支援するリサーチ&コンサルティングの専門家集団として活動しています。このような集団だからこそ、重要なリスク、そしてその先に見えるチャンスを描けたと自負しています。皆様のビジネス活動の将来に向けたヒントになれば幸いです。

日経BP社　上席執行役員　日経BP総研所長
望月洋介

第一章

日経ＢＰ総研が選ぶ十大リスク

人や組織は目的に向かって行動を起こした際、不確実な何かに直面し、影響を受ける。目的の達成に影響を与えかねない「不確実な何か」をリスクと呼ぶ。

リスクは厄介である。まず何がリスクになのか、よく見えない。見えたとしても、それがいつ起きるのか、特定できない。何がリスクになるかは人や組織の目的によって変わってくるから、目的を持つ人や組織のそれぞれが自らリスクに立ち向かわなければならない。

見えにくいリスクを見出し、悪い影響を回避すると共に、良い影響をできるだけ大きくする。この取り組みを「リスクマネジメント」と呼ぶことにする。先んじて手を打てばリスクをチャンスに変えられる。すなわちリスクマネジメントは企業であれば経営そのものである。

リスクを識別する一助となることを目指し、本書はビジネスパーソンが注意すべきリスクを百件選び、解説する。中でも重要なものを「二〇一九年以降ビジネスパーソンが注意すべき十大リスク」として表にまとめた。

十件は「確実に来るリスク」であり、経営者や自治体の首長、事業部門の幹部、現場の担当者まで、すべてのビジネスパーソンは「自分や自分の組織にどう起こるか」「影響はどの程度か」と、ぜひ問うてみてほしい。

リスクは不確実な何かだから「確実に来るリスク」という言い方は本来おかしいが、十件は「時期は特定できないが起こる」あるいは「すでに起きつつある」ものである。そして十件の影響の度合いはそれぞれの組織ごとに異なる。

十大リスクの一つ、「ルール急変」は続発しつつある。米国は自動車関税を含め貿易のルー

2019年以降ビジネスパーソンが注意すべき10大リスク

ルール急変	国家や企業がビジネスのルールや条件を恣意的に変える
開発独裁優位	テクノロジー利用を遮二無二進めた国家が果実を得る
認証品争奪	違法な伐採や操業に無縁の産物を取り合う
社員大流出	人生百年論や五輪などを契機に永年勤続に見切り
新車販売不振	配車アプリと自動運転が共用を加速
中間層消滅	平均的な消費者などいなくなる
火葬渋滞	高齢化で多死社会、斎場や火葬場が大都市で不足
存在感ゼロ	ネットで検索しても企業名が上に出てこない
学習データ汚染	誤りが混入しAI（人工知能）が誤学習
リスクマネジメント形骸化	チャンスをつかめずリスクも回避できず

10大リスクのそれぞれを第2章～第11章の冒頭で説明している　（日経BP総研調べ）

ルを恣意的に変えようとしており、受け入れる国もあれば対抗する国もある。EUは自域の優位確保を狙い、GDPR（一般データ保護規則）を策定、個人情報の域外移転を規制している。

「開発独裁優位」は起きるかどうかまだ分からない。一党独裁の中国はIT（情報技術）や遺伝子組み換えといったテクノロジーの利用をトップダウンかつ猛スピードで押し進めている。その結果、合議で物事を進める民主主義国家より優位に立てる、あるいはすでに立った、という見方がある。本当に優位に立ったとしたら、他の民主主義国家は大きな影響を受ける。

いわゆる配車アプリと自動運転によって自動車の共用（シェアリング）が進み、「新車販売不振」が顕著になると指摘されている。配車アプリはすでに使われているが自動運転の普及はこれからである。新車販売不振がはっきりした場合、自動車産業は多大な悪影響を受けるが、シェアリングに伴う新ビジネスに取り組み、リスクをチャンスに変える企業も多数出てくるだろう。

このように「これがリスクであり、こうすべきだ」と万人に向けて明解に言い切ることが難しい。前述した通り、リスクが厄介な所以である。

見えにくいリスクを見出そうと、日経BP総研の研究員とコンサルタント総勢八十人が「ビジネスを揺るがすリスク」の調査プロジェクトに取り組んだ。研究員やコンサルタントの多くは日経BP社の各種専門メディアで編集長や記者を務めた経験がある。長年蓄積してきた知見に基づき、今後二〇三〇年までにビジネスを揺るがしかねないリスクを八十人がそれぞれ挙げ、さらに技術系メディアの編集部門から募ったリスク候補を加え、三百件近いリスクのリストを用意した。

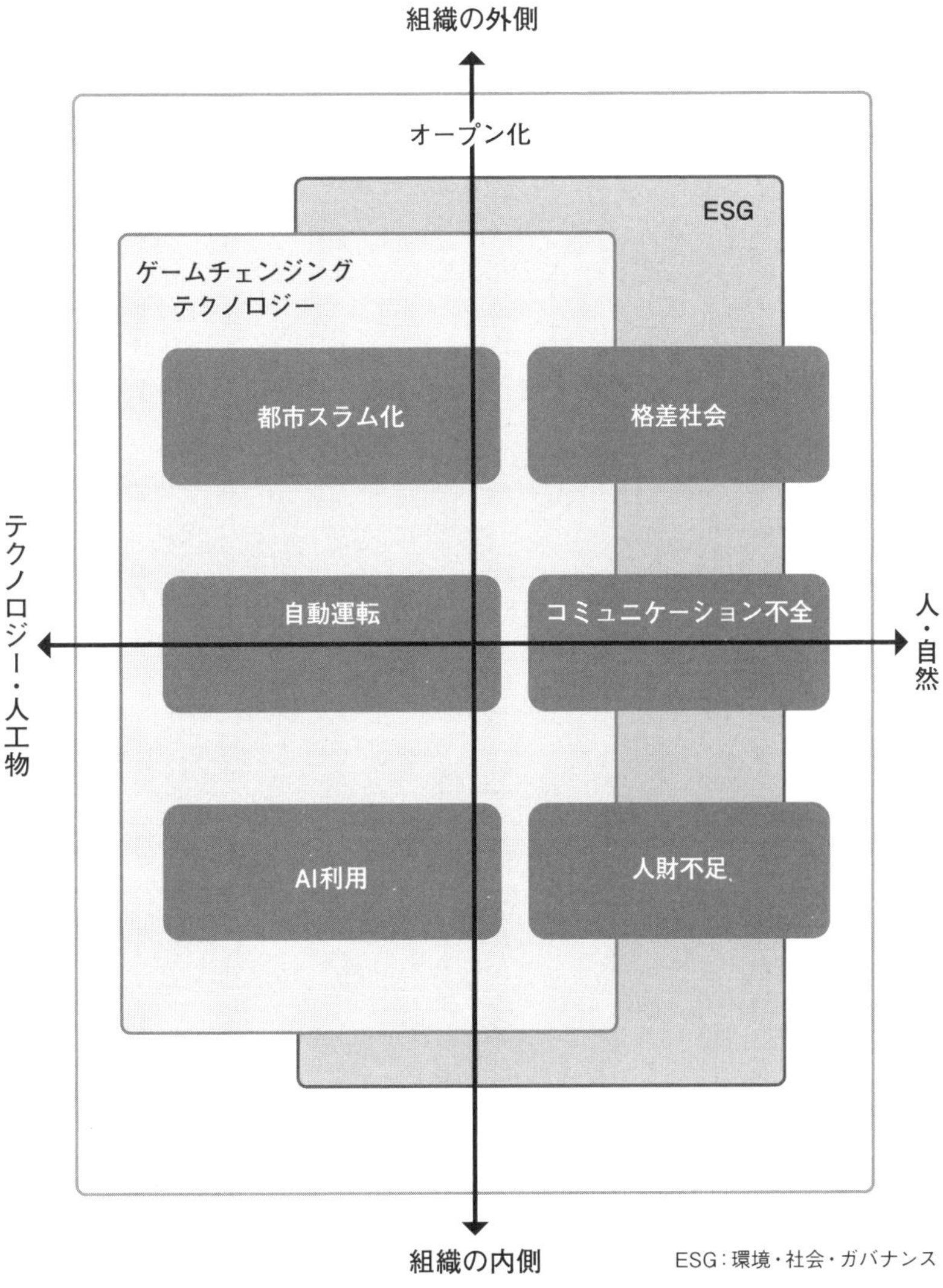

ビジネスを揺るがす九つのリスク分野

続いて日経BP総研所長と総研を構成する九つの専門ラボそして日経ESGチームの長が議論を重ね、集めたリスクを組織の内外、人工あるいは自然という二軸で分類し、図に示した九分野に整理しつつ、件数を百に絞り込んだ。

まず、組織の内外、人工あるいは自然を問わず、あらゆる場面で発生しうるリスク群を「オープン化」と名付け、第二章にまとめた。オープン化は分かりにくい言葉かもしれないが、いつでも誰とでもすぐにつながることができる、誰でも入っていける、入ってこられる、というビジネスや社会の傾向を指す。オープンになり、つながる対象は人、情報、テクノロジー、組織、ビジネスプロセスなど様々である。

片仮名を並べるなら、グローバリゼーション、フラット化、コネクテッドといった言葉で指摘されるトレンドのことだ。世界は小さくなり突然、競合相手が現れる時代になった。これはビジネスチャンスでもある。

世界が小さくなったのは何と言ってもテクノロジーのおかげである。そこで企業の内外に影響を与えるリスクの分野として「ゲームチェンジングテクノロジー」を設け、第三章で解説する。テクノロジーはビジネスや社会に価値をもたらすがプライバシー問題や公害などを引き起こす。舵取り次第でゲームに好影響ないし悪影響をもたらすわけで典型的なリスクと言える。

一方、自然あるいは人間に関わる不確実性を「ESG」（環境・社会・ガバナンス）のリスクとして括り、第四章で説明する。ESGは企業や自治体が守るべき事柄の総称である。例えば、組織が取り扱う食料や材料は適法の伐採や操業によって得られたことを示す認証品でなければならない。一斉に各組織が調達に動いた場合、「認証品争奪」が起きかねない。環境問題には確実なことと不確実なことが混在しているが、しかるべき対応をしておかなければ悪影響を受ける危険があり、組織の評判まで落としてしまう。

企業の経営や自治体の運営を考えると、人・自然のリスクとして「人財不足」の分野が、テクノロジー・人工物のリスクとして「自動運転」の分野が、それぞれ関連してくる。前者は「社員大流出」など人手不足や人の質に関するリスクであり、第五章で触れる。

続く第六章で述べる自動運転のリスクは自動運転と総称されるテクノロジーの変化によって産業界全体が再定義されることを指す。代表例として自動運転を選んだが、テクノロジーによる産業界の組み替えは様々な分野で起きつつある。

組織の外側にある市場すなわち顧客についても当然、配慮しなければならない。人、すなわち消費者に注目して市場関連のリスクを検討し、「格差社会」という分類で総称した（第七章）。「中間層消滅」に加え、「消費欲減退」「富裕層二分化」といったリスクが含まれる。

さらに消費者が住む場所に注目してリスクを検討し、「都市スラム化」として分類した（第八章）。人口集中、賃金格差、都市内地域格差、能力格差、ＡＩ（人工知能）などによる特定分野の無人化とそれによる失業などが絡み合う。斎場や火葬場が大都市で不足する「火葬渋滞」や「高騰ビルと座礁ビル」といった事態が懸念される。

業種・業態、営利組織・非営利組織を問わず付いて回るのは情報の取り扱いである。本書では大きく二つ、組織内の人と組織外の人をつなぐコミュニケーションと、組織内におけるデータ利用に分けてみた。例えばネットで検索しても企業名が上位に出てこない「存在感ゼロ」、誤りが混入しAIが誤学習する「学習データ汚染」といったリスクが潜む。

前者を「コミュニケーション不全」として第九章で、後者を「AI利用」として第十章で、それぞれ考える。AI利用としたのはAIが注目されているからだが、AIやIoT（インターネット・オブ・シングズ）、ビッグデータなどのIT利用（デジタル化）を進めていく場合、不確実性が常に付いて回る。

以上の九分野で取り上げたリスクの大半はビジネスとテクノロジーに関するもので、企業なら経営会議で議論し、手を打つことができる。

百件に絞るにあたり、中国の海洋進出、朝鮮半島情勢、テロ拡散といった、地政学や政治が絡むカントリーリスクは割愛した。南海トラフ地震・津波、首都直下地震、破局的噴火、パンデミック、特定外来生物などの自然災害関連は第四章（ESG）などでいくつか触れたが、かなりの部分を省いた。

半島情勢や二〇一八年の日本を襲ったような地震、台風と大雨、酷暑といった自然の猛威はいずれもリスクだが、これらは発生時に緊急対応すべき危機管理の対象であり、リスクをチャンスに変えるマネジメントの対象とはみなしづらいと判断したからだ。

九分野とは別に「リスクマネジメント形骸化」など、リスクマネジメント自体のリスクを百件に含めた。本書のまとめとして第十一章でリスクをチャンスにする方法を検討し、リスクマネジメントと危機管理を包含し、既知のリスクに加え、未知のリスクにも対処しうる「アサン

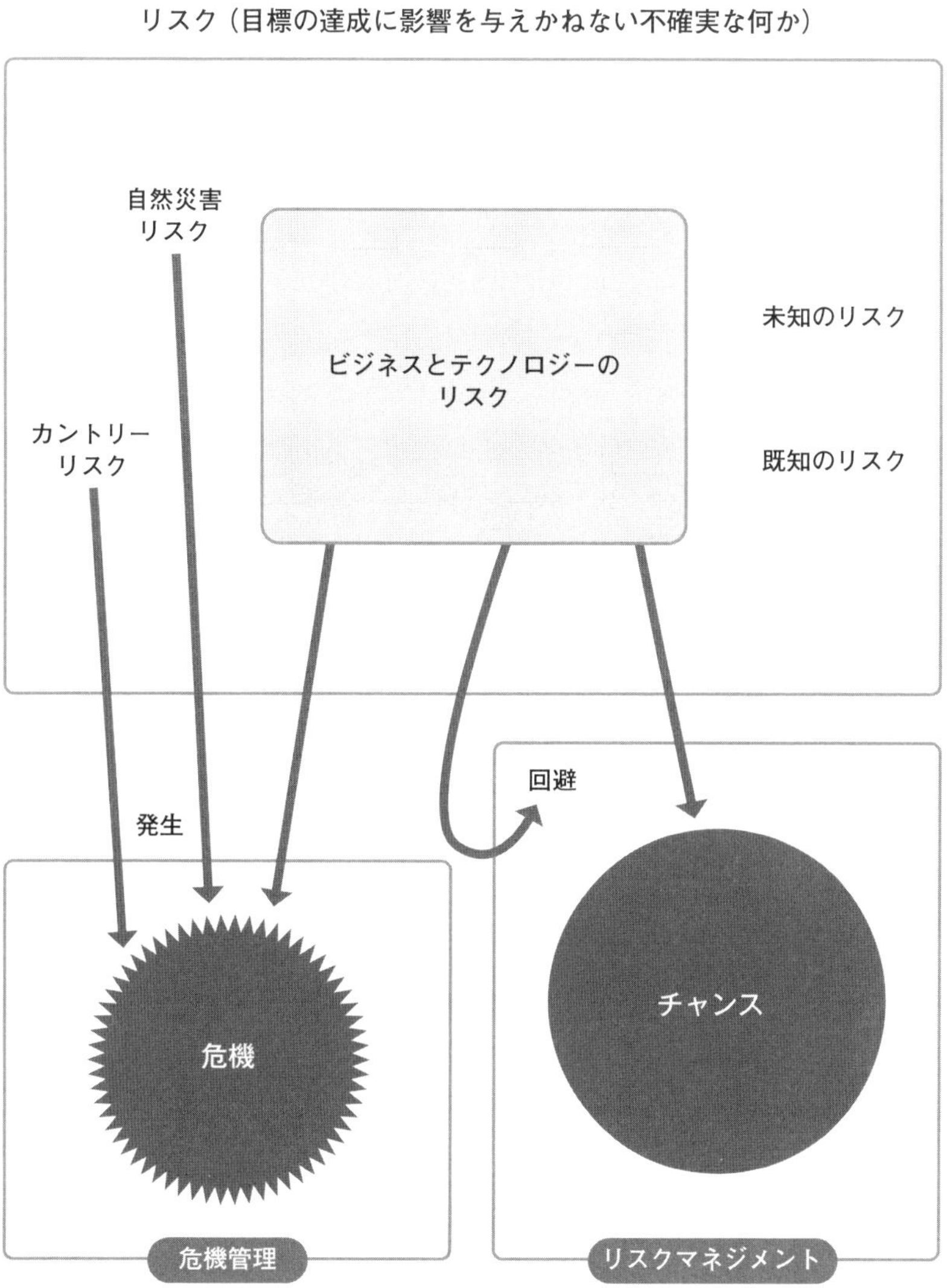

リスクの分類と対応方法

リスクとは何か

ウエブスター英語辞典でＲｉｓｋを引くと二つの意味が出ている。

・the possibility that something bad or unpleasant (such as an injury or a loss) will happen

・someone or something that may cause something bad or unpleasant to happen

前者は「悪い何かが起きる危険性」を、後者は「悪い何かを起こす何か」をそれぞれ指す。本書は前者、すなわち「起こるかもしれない」という不確実性をリスクの意味として採用する。

また、ＪＩＳ３１０００はリスクを次のように定義している。

・目的に対する不確かさの影響（期待から好ましい方向／好ましくない方向に乖離すること）

好ましくない影響だけではなく、好ましい影響もありうるとしている。ＪＩＳ３１０００の定義でもう一つ重要なのは「目的に対する」あるいは「期待から乖離」と明記していること。例えば、川に架けられた橋が老朽化していたとしてもそれだけではリスクと言い切れない。向こう岸に行くという目的のために橋を渡りきると期待した人にとって、橋が壊れ、川に落ちるという「不確かさの影響」が生じる。

以上をまとめ、本書はリスクを次の意味で使う。

・人や組織が目的を持って行動するときに影響を与えかねない不確実な何か

目的を果たすために「不確実な何か」に向かい合い、「影響」が良いものであれば大きくし、悪いものであれば回避する。その手だてを講じることを本書は「リスクマネジメント」と呼ぶ。

リスクの発生時期を正確に予測することはできない。実際にリスクが発生した場合、事前に決めておいた対応をとる。悪影響が出る緊急事態の場合、ＢＣＰ（事業継続計画）を含むクライシスマネジメント（危機管理）を発動する。

プションマネジメント」を提案する。

ゲームのルールが変わり、常識や前提をくつがえすリスクがしのびよっている。オープンイノベーションのような他の組織との協業を進めると共に、守るべきルールは守る。中期経営計画や成長戦略を作りっぱなしにするのではなく状況の変化に応じて見直す。必要な情報をパートナーと共有できるように組織を開くべき時に開き、閉じるべき時に閉じる。簡単ではないが、しなやかに動かなければならない。リスクマネジメントは組織や人を縛るものではなく、動かすためのものである。

社会生態学者のピーター・ドラッカーは著書『創造する経営者』に次のように記した。「(我々が未来について)試みうることは適切なリスクを探し、時にはつくり出し、不確実性を利用することだけである」(上田惇夫訳、ダイヤモンド社)

本書で紹介する百のリスクはドラッカーが言う「未来について試みうる」ためのヒントである。九つの分類と百件の中から「適切なリスクを探し、時にはつくり出し」、「不確実性を利用」し、チャンスをつかんでいただきたい。

第一章筆者名一覧

日経BP総研

酒井綱一郎

望月洋介

谷島宣之

第二章

オープン化のリスク

世界はつながり、何が起きるかわからない

001 ルール急変

●どこから敵が現れるのか分からない

オープン化とは人、組織、国家、社会が開かれ、互いがつながり、行き来が自由になる傾向の総称である。例えば市場とサプライチェーンのグローバルなオープン化が進み、世界経済は発展した。このようにオープン化は世界に恩恵をもたらすが、一方でその影響を嫌う勢力から揺り戻しの圧力を受けつつある。

オープン化の影響の一つはルールの急変である。世界がつながったため、新興勢力が新たなルールを持ち込むと、それがあっという間に広がってしまう。オープン化への反動として、グローバルな商取引ルールを一夜にして覆す意思決定を下す国家もある。

米アマゾン・ドット・コムが参入することで事業領域のルールが変わってしまい、既存のプレーヤーが駆逐される。いわゆる「アマゾンエフェクト」はインターネットによって世界の消費者と生産者がつながったことによってもたらされた。リアルな書店、CDショップ、玩具店、衣料品店などはアマゾンによって多大な打撃を受けた。アマゾンは次に薬局を狙い、さらに金融サービスに乗り出すのではないかと見られている。

オープン化への反動の一例は「アメリカ・ファースト」を唱えるトランプ大統領による経済

政策である。多国間貿易協定の軽視をはじめ、つながるために世界が長年かけて取り決めてきたルールを次々に覆しつつある。

ルールを恣意的に変える典型例が二〇一八年、世界の関心を集めた米中の貿易戦争だろう。ざっと振り返ってみる。米国のモノの対中国貿易赤字は二〇一七年に三千七百五十六億ドルになった。これは一九九〇年の実に三十倍であり、米国の二〇一七年のモノの貿易赤字総額八千百十二億ドルの四十六・三パーセントに及ぶ。

トランプ大統領は第一弾として二〇一八年初めに太陽光パネルと洗濯機にセーフガード措置を発動。それに対して中国は米国産トウモロコシに追加関税を決定（五月に中断）。三月には米国が第二弾として中国から輸入する鉄鋼製品に二十五パーセント、アルミ製品に十パーセントの関税を追加。四月には中国が米国から輸入するアルミスクラップやナッツなどに制裁関税の賦課を発表。九月に米国は二千億ドル相当の輸入品に十パーセントの追加関税を課す第三弾を発動した。これに対して中国側も六百億ドルの米国製品に追加課税を実施し、さらなる対抗措置に乗り出す構えを崩していない。

二〇〇一年に中国がWTO（世界貿易機関）に加盟して以来、国境を超えた貿易によって急成長を続けてきた。二〇一七年の世界全体の名目GDPで二十四パーセントを占める米国と、十五パーセントまで成長した中国との対決は他国に大きな影響を与える。米国の中間選挙のゆくえなどにも左右されるものの、両国はすぐまたルールを変えるかもしれない。

日本の産業界にとっては米国の自動車関税の行方が関心事だが、一企業にとっても世界のオープン化とルール急変は様々な形で影響する。金余りの中国企業に取引先がいきなり買われる。長年の付き合いの発注先がより良い条件を出した米国企業の傘下に入ってしまう。破格の誘致条件を出され、海外移転が困難とされてきた日本工場の移転が再加速するかもしれない。

業界内や業界間、国家内や国家間、人や組織が接するところには必ず何らかのルールがある。法律や条約に書かれたものもあれば暗黙の慣習もある。いずれも人が決めたものであり変えることはできるが昨今ほどルールが急変する時代は無かった。「何でもあり」の傾向は今後も続き、ビジネスを揺るがしていく。

002

日本素通り

●お金も技術者も日本に来ない

米国は中国のIT産業にも神経をとがらせ、通信機器大手、中興通訊（ZTE）へ制裁を下すなど、機器メーカーを締め出さんばかりの施策を打ち出している。だが、つながる世界の事情はそう単純ではない。

ITやデジタルの分野で世界を牽引してきた米国のシリコンバレーと中国のIT産業は仕事の面でも人材の面でも直結している。

かつてはデジタル技術の研究開発をシリコンバレー企業が担い、それを様々な機械に搭載する段階で、日本メーカーに試作を依頼、中国のメーカーの下で量産するという分担があった。ところが中国企業が力を付けてくるにつれ、試作の段階から中国側が受注する動きが顕著になり、日本企業はバイパスされつつある。

さらに、ここへ来て中国側の技術競争力が高まり、開発自体を中国で進め、一部の業務をシリコンバレーに発注する逆転現象がみられるようになっている。

中国でコンピュータサイエンスを学んだ優秀な学生がシリコンバレー企業に就職、その後米国で独立、起業したり、中国に戻って起業し、シリコンバレー企業と連携したりするといったことは当たり前になった。さらに米国の優秀な学生が中国のＩＴ企業に入ることもしばしばある。

一方で数年前、こんなことがあった。日本のＩＴ企業と中国のＩＴ企業をマッチングするイベントがあった際、訪中した日本企業の幹部は「一緒に組んで米国市場を開拓しよう」と話し掛け、中国企業の幹部はにこやかに応じていた。だが、イベントを企画した担当者によると「出席した中国のＩＴ企業はすべて米国と取引実績がすでにあった」という。

米国のＩＴ企業の経営トップはめっきり日本に来なくなった。中国を定期訪問する際、時間に余裕があれば日本に数時間立ち寄る程度である。

二〇一八年七月下旬、米シリコンバレーで配車サービスのウーバーを利用した際、やってきた運転手からこう話し掛けられた。

「日本から来たのかい？ 日本は今、亡くなった人も出るほど暑いそうだね」。

貿易戦争で日本が叩かれたのも、ハイテク日本ともてはやされたのも過去の話になり、酷暑や天災だけが時折話題になる程度なのだろうか。二〇二〇年のオリンピック・パラリンピックがあるものの、それ以降、オープンな世界の中で日本企業はどう存在価値を発揮していけばよいのか。

003 製造業のデジタル化遅れ

●日本の強みを維持できるか

日本の産業界を見渡すと依然として世界に通じる競争力を保持しているのは、自動車やエレクトロニクス部品など製造業である。中国や韓国に追い越された製品も多いが、品質や機能の点で日本の製造業にしか作れない物はまだまだある。

だが、電子商取引が席巻した流通業や金融業のように、製造業にも「デジタル化(Digitalization)」の動きが世界中で出てきている。ここでいうデジタル化とは製造業全体の変革という大きな概念を表しており、従来の手法や仕組みにデジタル技術を取り入れることに留まらない。

すなわち、ＩＴ、ＡＩ、ＩｏＴ、ロボットなど先進技術を駆使しながら、ものづくりのプロセスやバリューチェーンなど製造業全体の仕組みとルールを根本的に変え、新しいビジネスモデルを創出することを指す。

これが「第四次産業革命」と呼ばれている産業全体を巻き込む大きなムーブメントの重要な焦点の一つだ。「スマート工場」「つながる工場」「デジタルツイン」「協働ロボット」「エッジコンピューティング」など製造業を巡って新しい技術や概念が次々と登場している。これらを集成しながら、業界を支える様々な仕組みを進化させる。こうしたことが製造業のデジタル化である。

デジタル化の動きが出てきた背景には、少子高齢化や消費者ニーズの多様化など社会の変化とともに、大量生産・大量消費を前提にした従来の製造業に成長の限界が見えてきたことがある。これを受けて新たな製造業のビジネスモデルを模索する機運が、問題がいち早く表面化してきた先進国を中心に盛り上がってきた。

このような大きな転換期は業界のポジションや勢力地図をリセットする絶好の機会である。そこで製造業の強化を狙う国や地域、業界での地位向上を狙う企業などが一斉に動き始めた。ところが、こうした新しい製造業のトレンドに日本勢が乗り遅れているという指摘がある。理由の一つとしてよく挙がるのは、製造業革新を目的とした国主導の大型プロジェクトが欧州やアジアで相次いで立ち上がる中、日本政府が方針をなかなか表明しなかったことだ。

製造業におけるデジタル化のトレンドの先鞭を付けたドイツ政府主導の製造業革新プロジェクト「Industrie4.0」が始まったのは二〇一一年である。二〇一五年にはドイツに追随するかたちでフランスの「L'Industrie du Futur (Industry of the Future)」や中国の「中国製造二〇二五」など、大型プロジェクトが相次いで立ち上がった。

同じ二〇一五年に、日本政府はロボットによるイノベーションの実現を目指すロボット革命推進協議会（RRI）を設立、その傘下にITによる製造業革新をテーマにしたワーキンググループを設けた。つまり、ロボットをテーマにしたプロジェクトの一部という位置付けだった。

製造業全体の指針を示したのは二〇一七年三月、日本が目指すべき新産業のコンセプト「ConnectedIndustries」を経済産業省が発表した時だ。日本でも官民を挙げて産業のデジタル化に取り組む姿勢を示した。

もちろん政府の方針だけでデジタル化が進む訳ではないから、これをもって日本が遅れていると言い切るのは早計だろう。とはいえ製造業全体の変革を進めるうえで課題は数多くあり、それらを達成しながらデジタル化を進めることになる。様々な課題の中で、大きな焦点の一つとなっているのが中堅・中小規模の企業におけるデジタル化である。

日本の製造業の場合、中小企業と呼ばれる企業がほとんどを占める。こうした多くの企業を動かさない限り製造業全体のデジタル化は望めない。だが、多彩なデータを利用しながら製造業の仕組みを進化させるIT基盤を導入するための必要な資金や人材を中小企業はなかなか確保できない現状がある。

世界各地におけるデジタル化の取り組みが具体的な形になるのは早くても二〇三〇年ごろと言われている。現段階の進捗や成果を比較して進度を評価するのは難しいかもしれない。それでも国内外の動向を的確に把握しながら、後れを取らないように国や企業はデジタル化に取り組む必要がある。

この変化に追随できないと、競争の舞台に上がることすらできなくなり、日本の製造業が衰退していくことになりかねない。そうまでならなかったとしても、日本以外の国や地域に有利なビジネスの仕組みができ上がってしまうと、日本企業が市場で有利なポジションを獲得するのは格段に難しくなる。

004 海外進出暗転

●二重課税など進出先が勝手にルールを適用

日本企業にとって国内市場に留まらず海外市場に進出して事業を拡大するのは長年の課題であり、多くの企業が挑戦してきた。世界販売台数の半数をインド市場で売るまでになったスズキのような例があるものの、様々な難題に直面して撤退に追い込まれた企業も死屍累々、といった状況である。

海外進出にともなう問題を「インフラ輸出にともなうポリティカルリスク」と「二重課税」という観点から見てみよう。

一九九〇年代から日本企業によるアジア諸国へのインフラ（社会基盤）輸出が活発化してきた。発電などのエネルギー事業から始まり、鉄道や道路などの運輸関係、水道や海水淡水化など水事業、と拡大してきた。

日本のインフラ企業にとっての有望市場はインドネシア、ベトナム、フィリピン、タイ、マレーシア、インドであり、今後はモンゴル、カンボジア、ラオス、ミャンマー、バングラデシュも加わってくる。

これら新興国へのインフラ輸出で悩ましい問題となってきたのが、外為取引、制度・許認可の変更、資産の接収、政治暴力、政府・政府機関の契約違反といったポリティカルリスクである。ここでもルール急変が起きている。

特に近年増えているのが契約違反だ。例えば、インドに進出した企業の多くが土地収用に関わる契約違反に直面している。当局が土地収用に責任を負うと契約して事業を始めたものの、実際には立ち退きを迫られる住人の承諾や移転先、さらには再就職先まで見つけることを日本側が強いられたという例がある。立ち退いたはずの住人が建設後の現地に戻ってバラックを建て、再び住み始めるといった事態すらあり、背景には貧困問題もあるから一筋縄ではいかない。

交通・運輸ビジネスで多いのは、事前に現地政府がバラ色の事業計画を立ててリスクを負うという内容で契約しても、実際には進出した日本企業に面倒が押し付けられ、事業が破綻することである。空港の事業権を取得したものの、政権が変わったとたんに取り上げられたり、事業に反対する住民運動を政府が抑えきれずに白紙に戻ったりすることもある。

企業によっては政府が途中で逃げないように契約を厳格化する、いわゆる「ソブリン・フック」や保険をかけるものの、結局、紛争になるケースは後を絶たない。

こうした事態が起こる原因として、政権交代のたびに前政権の実績を全否定する傾向があること、汚職の蔓延、役人の契約概念や実務能力の欠如、などがあり、根は深い。

グローバル化を進める日本の製造業がもう一つ直面しているのが二重課税の問題である。例えば、日本メーカーが中国で現地法人を作って工場を建て、日本の親会社の技術や部品を使って生産し、海外市場で販売して利益を得たとする。このメーカーが利益率を三パーセントと計算して、中国および日本の税務当局に納税を済ませたものの、中国税務当局が「移転価格税制」を適用、利益率五パーセントとして追徴された、というケースが頻発している。

移転価格税制とは、親会社と海外子会社など関連企業間の取引を通じた所得の海外移転を防止するため、この取引が通常の第三者との取引価格で行われたものとみなして所得を計算し直し、実態と乖離している場合に課税する制度だ。この制度はもともと、グーグルやアマゾンといった米国のグローバル企業の大がかりなタックスプランニングスキームに対抗するために設けられた。米国グローバル企業は当該国で上がった利益をタックスヘイブン（租税回避地）に移転し、節税している。

しかし、日本の製造業の場合、そうした意図はなく適正な取引をしていても、移転価格税制を盾に法外な税金を要求されてしまう。

005

重要インフラへのサイバー攻撃

●どこから攻撃されるか分からない

二〇一七年五月頃から世界数十カ国で猛威を振るったランサムウエア「ワナクライ」によるサイバー攻撃は従来とは異なる脅威を企業や社会に見せ付けた。

ランサムウエアは脅迫型ウイルスとも呼ばれ、感染したパソコンやサーバーといったコンピュータのデータを勝手に暗号化し、暗号解除キーと引き換えに対価を要求する。データをいわば人質に取った身代金の請求である。

「ビットコイン」などの仮想通貨での支払いを求めることが多く、現実世界における身代金の受け渡しと違って足がつくことはほとんどない。身代金を支払っても暗号解除キーを入手できるとは限らない。

機密情報や顧客情報の窃取を狙う従来型の攻撃との決定的な違いは、ランサムウエアが感染したパソコンやサーバーは内部のデータを暗号化され、正常には動作しなくなってしまうこと。ランサムウエアに感染すると業務が即座に停止してしまう恐れがある。

実際、ワナクライは日本国内で大手自動車メーカーの生産ラインや大手電機メーカーの受発注業務を止めた。サイバー攻撃によって、生産や販売といった企業のビジネス活動の根幹が損なわれる事態を引き起こした。

二〇一八年三月にランサムウエア攻撃を受けた米国アトランタ市では、上下水道や交通違反切符のオンライン支払いシステム、裁判所情報の管理システムが感染。対処のために職員八千人のパソコンを使用停止にしたため、四日間にわたって手作業で行政の事務処理を強いられた。

ランサムウエアが生産・販売・事務のシステムだけでなく、電力や航空・鉄道、金融など社会インフラを制御するシステムへ感染したら何が起こるか。

ワナクライは英国で公的医療サービス（NHS）のシステムに侵入、この感染により電子カルテや病理診断システムが使用不能になり、多数の病院で医療サービスの受け付けが止まった。スペインの通信会社、ドイツの鉄道会社、米国の物流会社でも一部でサービスの提供に影響が及んだ。

日本政府はサイバー攻撃を受けた場合に企業活動や国民生活への影響が大きい十四分野を「重要インフラ」に位置付け、警戒を強めている。情報通信、金融、航空、空港、鉄道、電力、ガス、政府・行政サービス（自治体を含む）、医療、水道、物流、化学、クレジット、石油である。

こうした社会インフラがサイバー攻撃によって突然停止すれば、経済活動や市民生活は混乱に陥る。二〇一三年三月に韓国で発生した大規模なサイバー攻撃では、主要な放送局と金融機関の計六社が標的となりマルウエアの感染が拡大。ATM（現金自動預け払い機）やネットバンキングが二時間にわたって停止した。二〇一五年四月にフランスで発生したサイバー攻撃では、国際テレビ放送会社のシステムにマルウエアが侵入、テレビ放送が約三時間中断した。

さらに深刻な事態が起こる危険性もある。公になった被害はないが、サイバー攻撃によって交通機関や医療機器の管制・制御システムが機能停止や誤作動・暴走を起こせば人命が危険にさらされる。管制・制御システムの基本ソフトにもＷｉｎｄｏｗｓやＬｉｎｕｘなど一般的なものが使われるようになり、通常のサイバー攻撃手法の標的になりえる。

二〇一〇年九月にイランの核燃料施設にＵＳＢメモリー経由で侵入したマルウエア「スタックスネット」は、ウラン濃縮用遠心分離機を制御するパソコンに感染。回転数を極端に高めて五千台の遠心分離機の約二割を破壊したと見られている。制御システムを乗っ取り、機器を物理的に破壊できることが実証されたことになる。この攻撃は、イランの核開発を遅らせるために米国とイスラエルが共同で仕掛けたと指摘されている。

重要インフラへのサイバー攻撃の実行主体としては、政治的な主張を持ったハッカーを意味する「ハクティビスト」、テロ集団、対立する国家などの関与が疑われるケースが多い。ミサイルのような射程距離がないサイバー攻撃は、世界中どこからでも標的に攻撃を仕掛けられる。二〇一六年十二月には、ウクライナの首都キエフの北部と周辺で約一時間、停電が発生した。国営電力会社の変電所がサイバー攻撃を受け、送電制御システムに異常を来したことが原因だ。同国では前年同月にも電力会社がサイバー攻撃を受け、二十万人超に影響が及ぶ大規模停電が発生している。領有権問題などで対立するロシアの関与が疑われている。

今後は政治目的による攻撃だけでなく、営利を目的とした犯罪者集団によるインフラ攻撃が発生する恐れもある。インフラの麻痺や人命を人質に取って高額な身代金の要求を通せる、と犯罪者が考えるかもしれないからだ。

特に金融・情報通信などの社会インフラに対しては、大量のパケットを送り付けてネットワーク回線やシステムの処理能力を超える負荷をかけ、サービスを止める妨害攻撃を仕掛けやすい。社内ネットワークに侵入するよりも実行の難易度は低い。すでに国内でも大量パケットによるサービス妨害攻撃を予告して、金融サービス事業者を脅迫する事件が発生している。

インフラ制御用のシステムには、オフィスや家庭の一般的なシステムとは異なる弱点も潜む。まずシステム寿命が長く旧型のソフトウエアが使われている場合が多い。しかもインターネットに直接つながっていないことから、セキュリティ脆弱性を修正する最新のアップデートソフトが必ずしも適用されていない。

ワナクライは社会インフラに狙いを絞った攻撃ではなかったが、結果として多数のインフラサービスが被害に遭った。最新版のＷｉｎｄｏｗｓなら修正済みのセキュリティ脆弱性を突いて感染させるやり方で、インフラサービスにダメージを与えられることが証明されてしまった。

二〇二〇年のオリンピック・パラリンピック東京大会を控える日本は今後、ハクティビストやテロ集団による示威的なサイバー攻撃の標的にならざるを得ない。二〇一二年のロンドン大会、二〇一六年のリオデジャネイロ大会では、公式サイトなどへのサービス妨害攻撃が多発、二〇一八年のピョンチャン冬季大会では関連組織に対する標的型攻撃も行われた。東京大会の場合、社会インフラを狙ったランサムウエア攻撃などが加わり、テロリストや犯罪者がサイバー攻撃の技を競い合う場になる恐れがある。

006

ビジネスメール詐欺

●組織のお金が電子メールでかすめ取られる

上司から「至急対応してください」という見出しのメール。本文には「〇〇社の〇〇さんからのたっての依頼で、海外の提携先企業と緊急でプロジェクトを始めることになりました。千六百万円の業務委託料をこの口座に振り込んでください。申し訳ないですが急ぎで」とあった。

〇〇社は得意先で〇〇さんのこともよく知っている。指定された振込先口座がいつもと違うが、急ぎとのことだったので振り込み手続きをした。ところがそのメールは偽のもので依頼は詐欺だった。

こんな事件が二〇一五年頃から急増している。ビジネスメール詐欺（BEC：Business E-mail Compromise）と言われるこの犯罪は、攻撃者が取引先や自社の経営幹部を装って電子メールを現場の担当者などに送り、攻撃者の口座に入金を促し、資金をかすめ取る。

相手が個人ではなく企業であるだけに、攻撃者としてはうまくやれば一回で多額の資金を奪える。米連邦捜査局（FBI）によればビジネスメール詐欺は二〇一三年頃から確認されており、二〇一八年五月までの損失額は合計百二十五億ドル（約一兆四千億円）。詐欺の平均被害額は一件当たり約千七百八十万円になる。

日本国内でも高額な被害が確認されている。二〇一七年十二月には日本航空（ＪＡＬ）がビジネスメール詐欺の被害に遭い、合計約三億八千万円が奪われたと公表した。

ビジネスメール詐欺の手順は次のようになる。まずウイルスメールなどを社員に送りつけ、企業のサーバーに侵入するためのルートを確保する。業務メールを盗み見て、過去にやり取りされたメールの本文や契約書を手に入れる。メールや契約書を参考にして本物であるかのようなメールを作成し、それを担当者に送って攻撃者が用意した口座への入金を促す。

取引先とやり取りしている間に割り込んで偽の口座に振り込ませる、弁護士や顧問など社外の権威者になりすます、といったケースもある。詐欺の準備のために、同じ手順で従業員情報を盗む場合もある。

このような詐欺が横行する背景には、電子メールに依存して仕事をするようになったことがある。日々行き交う電子メールは業務上の指示や依頼として認知されており、受け取った社員は疑いもなく偽の指示を実行してしまう。電話であれば声の違いで詐欺だと気付くことが多いが文章ではそうはいかない。

ビジネスメール詐欺を見抜く手がかりの一つは電子メールのアドレスだ。例えば経営幹部になりすます場合、実在の本人がメールを確認して犯罪が発覚するタイミングを遅らせるため、似たつづりの別のメールアドレスを用意する。

例えば、攻撃対象としている会社のドメインが「@kaisya.co.jp」だったとしたら、攻撃者は

「@kaisyaa.co.jp」（aが一つ多い）のように、よく似ており誤認されやすいドメインを取得する。その上で、なりすます人物、例えば経営者の「@」前のメールアドレスが「taro.suzuki」であれば同じように設定し、経営者になりすまして財務担当者などにメールを送る。

情報セキュリティ分野の情報収集と発信を手がけるＩＰＡ（情報処理推進機構）セキュリティセンターは「ビジネスメール詐欺という事件が発生していると知ること自体が大切」と助言する。その上で通常と異なる依頼が来た場合、依頼者本人に電話で確認をとる、または社内の第三者に確認を依頼する、といったことを徹底する。併せてコンピュータウイルス対策などの基本的な対策も促す。

007

真似される、真似する

●どこから訴えられるか分からない

インターネットを通じて流れる情報が爆発的に増え、知的財産権に関わるトラブルが生じている。自分たちの製品や作品を真似されてしまう。あるいは知ってか知らぬか、他者の製品や作品を真似したり、他者の知的財産を誤用したりする。

前者はこれまで特許権に基づいた「技術」の模倣が多かったが、近年はそこに「デザイン」

が加わった。最も有名なのは、二〇一一年に米アップルがｉＰｈｏｎｅのデザインを真似たとして韓サムスン電子を提訴した事件だ。カリフォルニアの地裁陪審は二〇一二年、十億五千万ドル（約千百億円）の賠償金の支払いをサムスンに命じた。のちに約五億三千九百万ドルに減額されたのち、和解が成立したが和解金の額は公表されていない。

日本でもデザインの模倣は頻繁に起きている。アジアから観光客が日本に押し寄せ、大量の製品を購入するが、日本から持ち帰った人気商品を現地企業が模倣するケースが発生している。風当たりの柔らかい扇風機や強力な吸引力の空気清浄機、パンがおいしく焼けるトースターなど、高額家電製品で数々のヒット商品を生み出したバルミューダは製品開発の責任者を中国メーカーに引き抜かれた。その後、中国のメーカーはほぼ同じ外観の空気清浄機を発売している。ＰＭ２・５などで中国における空気清浄機のニーズは大きいが、模倣によってバルミューダの中国におけるビジネスは悪影響を受けてしまう。

家電製品だけではなく、フィギュアやアート作品についても中国における模倣は深刻だ。立体のデータを簡単に取れる三次元測定器などが普及したため、低コストでほぼ瓜二つのデザインデータを作成できる。このデータと低価格になった三次元プリンターやマシニングセンターを使えば短期間で金型を作れる。技術の進化でこれまでにないスピードで模倣製品が生み出される状況になってきた。

意匠登録をすれば必ず模倣問題が防げると言うわけではないが、デザインを重視した商品を販売している場合、国内のみならず海外も含めた国際意匠出願が必須になっている。

一方、真似してしまう事例として、二〇二〇年のオリンピック・エンブレム問題があった。正確に書くとこれは「他者の創作物に類似していた」ことで被るレピュテーション（評判）リスクである。二〇一六年に公募された第一回目のオリンピック・エンブレム募集で佐野研二郎氏のデザインが選ばれたが、他のデザイナーの別の作品に類似していたとしてインターネットのSNS（ソーシャルネットワーキングサービス）上で批判が集まった。

ただし、あるデザインが別のデザインに類似する例は決して珍しいことではない。現行の著作権に関する法律は、アイデアを真似することやデザインが偶然似てしてしまうことをある程度容認している。佐野氏のデザインしたオリンピック・エンブレムについて法的には問題がなかったという指摘が専門家から多く聞かれる。

それでも佐野氏のデザインが取り下げられてしまった理由は二つある。一つは法律に対する誤解あるいは曲解により、「類似することは悪い」という声がネット上で横行したこと。今回の「類似」を「パクリ」と捉えた人が、佐野氏を断罪する意見を続々とネット上に投稿し、一種の世論が形成されてしまった。

もう一つは佐野氏の事務所のデザインとそれに類似した他のデザインが数多く集められ、ネット上で公開され、比較されたこと。中には類似ではなく意図的に模倣したと受け止められかねないものもあった。この結果、「佐野氏は頻繁に模倣するデザイナー」というイメージが広がってしまった。本当に模倣したのか、しなかったのか、法律的に正しいのか、正しくないのか、といったことではなく、ネット利用者の「なんとなく怪しい」といった感覚が正当化され、そうした論調をオリンピック委員会は無視できなくなってしまった。ネットで人々がつながった社会ならではの事件と言える。

佐野氏のデザインが取り下げられたもう一つの原因として他者の知的財産の誤用がある。オリンピック・エンブレムのプレゼンテーション資料の中に、利用許諾を取っていない写真を入れていた。

この資料はエンブレムの選考時に使われるもので、公にする予定はなかったが、デザインが模倣ではないことを説明するためデザインのプロセスを公開していく中でプレゼンテーション資料も併せて公表された。これを見た写真の権利者が写真の無断使用を指摘した。

エンブレム問題では、デザイナー個人のみならず、東京オリンピック・パラリンピック競技大会組織委員会の管理責任も問われ、両者とも評価を下げることになった。コンペのやり直しに伴うコストは委員会の発表によると、公式エンブレム発表会経費として約六千八百万円、商標調査、登録費用約三千百万円、応募・選考費用約九百万円、ポスターなど製作費用約百万円。およそ一億円が直接経費として無駄になった。

知的財産権を巡っては、真似されるだけではなく、意図的ではないにしろ真似してしまう恐れがつきまとう。それは金銭的にも、金銭に換算できないブランド価値の損失という意味でも、大きな悪影響を与える。

008

GAFA落日

●栄枯盛衰、ITの覇者は弱る

「ルール急変」のところで述べた通り、オープン化は「その影響を嫌う勢力から揺り戻しの圧力を受けつつある」。インターネットで人々がつながる世界で巨大化した、「GAFA」（グーグル、アップル、フェイスブック、アマゾン・ドット・コム）と呼ばれる米国企業四社に対する反動が目につき出した。

特にグーグル、フェイスブック、アマゾンはインターネット上で利用者がどのような行動をしたか、閲覧や投稿、購買の履歴を記録している。世界経済フォーラム（WEF）が「パーソナルデータはインターネットにおける新しい『石油』になる」と予想した新資源を手に入れた。

利用規約を用意し、利用者の合意の上でデータを集めていたわけだが、フェイスブックから八千七百万人の個人情報が英国の政治コンサルティング会社に流出していたことが明るみに出て、米国においても厳しく批判する動きがある。

すでに欧州委員会はグーグルの検索サービスに対し、地位を乱用しているとして制裁金を課した。さらにEUで利用できる検索サービスに対し、検索ランキングの評価基準の開示、事前告知なしにランキングから削除することの禁止といったことを義務付ける規制を検討中だ。

ＧＡＦＡはオープンではないという主張もある。インターネットで人々がオープンにつながる世界が開けたにもかかわらず、ＧＡＦＡが人々の情報を独占してしまったという指摘である。仮想通貨ビットコインを支えるブロックチェーンのような、中央集権ではない、分散型テクノロジーを使って真にオープンな世界を作ろうという取り組みもある。

ＩＴ産業の歴史は覇者の交代の歴史である。極端に強い覇者が現れ、覇者に批判が集まり、独禁法の適用などがされる。ただし、実際には批判や独禁法適用はさほど影響を与えず、新しい領域から次の覇者が登場することで前世代の覇者を弱体化させてきた。

業界二位の企業の総売上高よりも多い利益を上げていた米ＩＢＭを弱らせたのは大型コンピュータのライバルではなく、パソコンによる情報化を主導した米マイクロソフトだった。マイクロソフトが一時苦しんだのは、パソコン上ではなくインターネット上のクラウドで処理をする新しい潮流のせいであり、ＧＡＦＡは新潮流に乗っている。

ＩＢＭもマイクロソフトも絶頂期には、両社が揺らぐことなどまったく想定できないほどの強さを誇っていた。とするとＧＡＦＡにも同じことが言える。まだ見えていない新しいトレンドに乗り、四社を覇者の座から引き摺り下ろす次の覇者が登場する可能性は大いにある。

ＩＢＭは企業内の事務処理データを、マイクロソフトは文書作成など個人の情報処理データをそれぞれ押さえたから強いと言われていた。ＧＡＦＡ、特にアップルを除く三社は利用者のネット利用情報をがっちり押さえている。だが、利用者は移り気であり、ネットサービスの場合、いとも簡単に乗り換えられる。

ＧＡＦＡは脅威であると同時に、一種の経済圏を確立したことで多くの企業に恩恵も与えてきた。アップルへの部品供給、アマゾンを通じた販売、グーグルやフェイスブックを使った広告配信、これらに頼っている企業は少なくない。ＧＡＦＡの落日が顕在化した場合、経済圏にいる各社は大きな影響を受けるだろう。

009 ＧＤＰＲ（一般データ保護規則）

●データ保護がもたらす分断

ＥＵ（欧州連合）は二〇一八年五月二十五日からＧＤＰＲ（一般データ保護規則）を施行した。目的はＥＵ域内の個人・住民が自身の情報をコントロールする権利の確保。言うまでもなく、ＧＡＦＡのような米国勢、台頭する中国のネット企業に、ＥＵ域内の個人データという「石油」が流出することを防ぐ狙いがある。

ＧＤＰＲはＥＵ全域に適用されるため、国際的なデータ活用ビジネス環境を整えることにつながる可能性がある。域外適用の規定があり、同等性評価を得られていない国へのデータ移転を認めない。日本企業にとっては欧州でのビジネス活動に影響が出る恐れがある。

法規制ができた以上、従わなければならない。「稚拙な法務戦略をとると思わぬ痛手を食いかねない。地元の企業が有利になるように、外国企業に対する罰則や制裁金が恣意的に適用されてしまう」とPwCコンサルティングの山本直樹パートナーは指摘する。忘れてはならないのは「顧客データの獲得競争に乗り遅れ、ビジネスチャンスを失わないようにすること」（山本氏）。悪影響という意味ではこちらのほうが大きいという。

010 ネット経済への無理解

●分かっている人は誰か

このように米国とEU、そして中国を交え、新たな石油を巡る競争がインターネット上で繰り広げられているが、ここでも「日本素通り」の恐れがある。そもそも日本企業はインターネット・エコノミーを理解しておらず、法規制への遵守は別として、戦略的な対処をしていないという指摘がある。

経営者や社員の考え方、組織のあり方がネット時代に合っているかどうか、再考する必要がある。ここで悩ましいのは誰が何をどの程度理解しているのか、企業によって異なることだ。

経営者自らネットを利用し、呼びかけるものの、社員が保守的な企業もあれば、現場が何度もネット施策を上申するものの、岩盤のような経営会議が常に却下する企業もある。こうした両極端の企業は減りつつあるが、今度は「ネット戦略を策定したが形だけになっている」例が散見されるようになっている。

011

開社力の欠如

●守りの意識が強すぎる

社会が成熟し、ニーズの多様化が進んだことで、企業の継続的な成長、あるいは業績維持が難しくなっている。単一の商品やサービスをマス市場に販売できなくなってきた。従来と同じモノやサービスを提供しているだけでは顧客は離れていってしまう。

重要なのは顧客が真に求めているもの、顧客の成長を後押しするソリューションを生み出し続けること。今までに見たことや体感したことがない価値を提供できれば顧客はついてくる。

とはいえ、これほど成熟した社会で、今までにない、そして大きなビジネスにつながる価値を生み出すことは容易ではない。

一例として、超高齢化、地域の医療体制不足といった社会課題を背景としたリモートケアのソリューションを考えてみよう。遠隔診療、薬の処方、ケアといった事業が含まれるが、これらすべてを一社で提供するのは難しい。病院はもちろん、薬局、介護施設、食事を提供する事業者や管理栄養士、清掃や衣類のクリーニングサービス事業者、生活必需品などを運ぶ物流事業者など、関係する業種は多岐にわたる。それぞれにIoT、AIといったテクノロジーを導入し、しかも全体を結び付けるインテグレーションがこなせる人材も欠かせない。

新たな価値を生み出すには、こうした元々あまり接点がなかった業界同士が同じ目的のために協調していく必要がある。それには社外に門戸を開き、外部と積極的に連携することで複雑な問題の解決を目指す「開社力」が欠かせない。

開社力を発揮する取り組み、言い換えればオープンイノベーションを日本企業の多くが苦手としている。日経BP総研が二〇一七年五月に実施したアンケート調査では、九十二パーセントの企業がオープンイノベーションの重要性を認識しつつも、実践していると答えた企業は三十八パーセントにとどまった。つまり、六割以上の企業は実践できていない。

オープンイノベーションがなぜ進まないのか。理由は色々考えられる。自社の技術がナンバーワンだという過信、多様な事業を抱えていることに伴う内製意識の強さ、自前の技術の流出や成果物の横取りを恐れるあまりの秘密主義、成果を求めすぎる、失敗を恐れすぎることによる投資意欲の低さ、などがある。

こうしたことから、勤務時間を使って外部と交流したり、社内の情報を公開して協力を仰いだり、といったことには極めて消極的な企業が多い。とりわけ規模が大きい企業ほどそうなりやすい。

大手の場合、外部との交流と情報公開をある程度進めているケースでも、判断や技術開発のスピードが外部の企業のそれに全く追いついていないことが多い。意思決定に関わるステークホルダーが多すぎる上に、セクショナリズムが強く、高品質を求めすぎる意識もある。スタートアップ企業や海外企業と比べ、このスピード感の違いは大きい。

開社力の弱さないし欠如は、様々な面で企業に悪影響を及ぼす。従来のフレームワークを越えられず、新しい価値を生み出せない。急激な変化に鈍感になり、他社に後れをとる。潜在力のあるコア技術やアイデアを有効活用できない。従業員のモチベーション低下につながる、などだ。

こうした状況に陥ると業績が伸び悩んでも斬新な対策を打ち出せない。ディスラプティブな（破壊的な）プレーヤーが登場し、市場を奪っていくのを、指をくわえて見ていることになる。業界あるいは海外の動向をつかめなくなれば世界の新しい常識も分からなくなり、ますます乗り遅れていく。

企業組織の「生命力」を強くし、さらなる成長を目指すには、社外に求める技術やノウハウと自社で持ち続ける技術やノウハウを明確に区別するとともに、スピード感をもって効率的に社外の力を取り込むことと、そのための意識改革が欠かせない。

第二章筆者名一覧

日経BP総研　中堅・中小企業ラボ
伊藤暢人

日経BP総研　クリーンテック ラボ
三好敏
藤堂安人
河井保博

日経BP総研　イノベーションICTラボ
井出一仁
菊池隆裕

日経BP総研　マーケティング戦略ラボ
丸尾弘志

日経BP総研　ビジョナリー経営ラボ
高下義弘
谷島宣之

第三章

ゲームチェンジング テクノロジーのリスク

競争条件を一変させる新技術

012

開発独裁優位

●遺伝子組み換えやデータ共産主義に突き進む中国

途上国が経済を発展させるために強権政治を断行することを開発独裁と呼んだ。四十年以上も前からある言葉だが、ゲームのルールを変えてしまうテクノロジーが登場した今、新時代の開発独裁というべき動きが目立ってきた。

なんといっても中国である。「新しい石油」と呼ばれる個人データを生かして、米中のイノベーション競争で一気に差をつけようとしている。

十三億八千万人の人口を抱える大国でありながら、中国当局は全国民の顔を数秒で特定できるデータベースを構築しているとされる。アリペイとウィチャットペイというキャッシュレス決済の普及により、国民のお金の出入りも把握する。お金を受け取る側のレストランや売店などの小規模事業者に対して、顧客からの支払い状況を評価し、少額の事業融資を瞬時に行うこともできる。さらには国民の健康や遺伝子などに関するデータまでも国家、すなわち共産党が一手に握る体制を整えつつあるとされる。

データ利用の鍵は量と質である。正しいデータを大量に集めるにあたり、一党独裁の中国は都合がよいと言えるかもしれない。しかも政治的な自由はないとしても、経済やビジネスそしてテクノロジー利用は「何でもあり」の状態と言われ、一攫千金を目指す優秀な人材がその状態を享受している。

ＧＡＦＡがいくら強大とはいえ、自由社会には個人の権利という壁が本来あり、本人の同意がなければ個人データを勝手には使えない。

開発独裁はＩＴやネットに限らない。遺伝子組み換えや再生医療といったテクノロジーに対し、民主主義国は「どこまでやってよいか」という倫理面について議論と合意形成を重ね、少しずつ実用を進めている。だが、中国の場合、党がやると決めれば決まりである。他国が躊躇する領域まで中国が踏み込んだ場合、人類全体にとって大きな影響が出る。良い影響かそうではないのか、それはまだ分からない。

もう一つ忘れてはならないのは、中国や他の新興国にはイノベーションのしがらみとなる既存の事業や古い仕組みがあまりないことだ。したがって一気に無線ネットワークを張り、ドローンを飛ばすことができる。ビジネスのバリューチェーン全体を先進国よりも早くスマート化し、先進国の地位を脅かす可能性は相当にある。ゲームチェンジの時代に、先進国あるいは後進国という言葉は死語になるだろう。

013

宇宙ディスラプター出現

●宇宙空間を利用、既存事業を破壊

ゲームを一変するテクノロジーとして宇宙の利用がある。宇宙空間や人工衛星、ロケットなどを利用する「宇宙ディスラプター」が現れるだろう。空間の制限を解消し、無重力による別次元の環境も利用、地上では考えられない方法でビジネスを展開、既存事業をひっくり返す可能性がある。

世界全体で宇宙への投資が活発化している。宇宙産業の市場規模はこの十年ほどで十兆円から四十兆円に膨らんだ。背景には新興国とベンチャー企業の台頭がある。これまでは日米そしてロシアを含む欧州が投資の担い手だったが、インドや東南アジア、南米、アフリカの諸国が人工衛星を自国で持とうと投資を始めた。さらに宇宙ビジネスにチャンスがあると見てベンチャー企業の参入が後を絶たない。既に世界で千社を超えるベンチャー企業がしのぎを削っていると言われる。

投資する国や企業が増えれば増えるほど、ロケットや人工衛星など宇宙活動に必要なインフラのコストは大幅に下がる。ベンチャー企業が多く参入すれば、思いもよらない発想の起業家が現れ、まったく異なる次元のサービスを提供するかもしれない。

現在、投資先として注目を集めているのは、宇宙インターネット、宇宙ビッグデータ、宇宙旅行、惑星探査の四分野だ。

宇宙インターネットは、人工衛星を数百から数千基打ち上げることで地球全体をカバーする。未開の地であってもアンテナさえ置けばインターネット環境が提供される。数千基もの人工衛星を生産すれば量産効果が出てコストは大幅に下がる。地上に敷設するネットワークは必要がなくなるかもしれない。

宇宙ビッグデータは、人工衛星が収集した情報を加えることで、地上だけでは完成しないビッグデータ利用環境を構築する。従来の航空写真や気象測定を超える情報を集められる。世界中の鉱山や農園などアセットを監視することも可能になる。宇宙からどこに資源があるかを突き止められるようになると、従来の採掘権益など既得権が無意味になる可能性がある。

宇宙旅行は人を宇宙空間へ運ぶサービス。高度百キロメートルくらいの宇宙空間へ五〜十分で行く「旅行」を企画している会社もある。宇宙旅行を実現するためには、誰もが安全に宇宙空間へ移動できる手段を開発する必要があり、その移動手段の技術が地上の移動手段の概念を根底から覆すかもしれない。

惑星探査は、新しい物質の発見、新しい環境の提供、惑星移住など、今後の宇宙開発の進歩の度合いによって応用が広がる分野だ。どんな価値が生まれるのか、まだ分かっていない。

四分野以外にも、宇宙工場や宇宙空間を利用した化学物質の生成、旅行以外のエンタテインメント可能性が広がる。米国の起業家、イーロン・マスクは宇宙分野の開発企業スペースXを通じてロケットの再利用に挑戦している。実現すればロケットの打ち上げコストが大幅に下がる。その先に火星への有人飛行を見据える。

宇宙については未知なことが多いため、危険もあろうが可能性も無限の広がりを持つ。既に多くのベンチャー企業が参入し、新サービスの実現に向けて切磋琢磨していることを考えると、まだ参入していない企業にとってキャッチアップできないほどの差が開いてしまうかもしれない。

014 GPS代替技術

●電波が届かなくても位置が分かる

宇宙衛星を使うテクノロジーとして確立され、多くのイノベーションをもたらしたものにGPS（Global Positioning Systems）がある。複数の衛星が発信する電波を地上の機器が受信、電波が届く時間差を使って、地上の位置を特定する。スマートフォンとGPSの組み合わせで利便性の高いサービスが次々に開発された。落としてしまったスマートフォンを発見できるのはGPSのおかげである。

GPSはもともと米国が軍事利用のために打ち上げた衛星を使っている。これに対抗し、中国やロシアは独自の衛星を打ち上げ、同様に仕組みを構築しつつある。このため、GPSという固有名詞に対する一般名詞として「GNSS（Global Navigation Satellite System）」という言葉ができた。

しかしGPSやGNSSは妨害電波によって無効にできる。また、電波が届かない屋内や水中では使えない。そこで米国をはじめとする各国の軍事部門はGPSの代替技術を研究開発中である。代替には、GPSが妨害されても位置を特定できる、そもそもGPSが使えないところでも位置を特定できる、という二つの意味がある。

例えば兵士一人ひとりに装着できるセンサーと加速度計を使い、敵味方の兵士の位置を測定する。音波や超長波を使う、といった技術がある。

軍事目的で使われたGPSが民間で使われ、イノベーションを起こしたように、GPS代替技術の中から次のイノベーションを起こすドライバーが出てくる可能性は大きい。

015 電磁パルス攻撃

●バックアップ体制を再検討する

電磁パルス（EMP、Electro Magnetic Pulse）攻撃は超高空での核爆発により強力な電磁パルスを発生させ、情報システムやセンサーなど電子機器を一時的または恒久的に無力化する攻撃を言う。

北朝鮮が攻撃手法の一つとして言及したことで一般にその名前が広がった。主要大国は電磁パルス攻撃の研究や開発をしているとされる。防衛省は二〇一八年度予算案で弾頭のEMP放射部の試作および防護技術の検討費を計上している。

電磁パルス攻撃を公言する国家が隣にいる以上、実際にその技術を持っているかどうかはともかく日本としてはもちろん、企業としても対応策を考える必要が本来ある。なぜなら攻撃を受けた際の被害が甚大だからである。

とはいえ問題があまりに大きく、一企業や一つの業界でどうこうできるものではない。企業が総出で連携すべき案件と言える。リスクマネジメントの支援を手がけるプロジェクトプロの峯本展夫代表取締役は「国内における緊急時の対応とは別にグローバルなバックアップ機能を共同で用意することが有効ではないか」と指摘する。

日本から遠く離れた同盟国に代替用の電子機器を用意しておき、非常時にはそれに切り替える。企業が個々にバックアップ機能を持つことはコストを考えると難しいが、共同機構のようなものを作れば新ビジネスとして成立するかもしれない。

バックアップ機能は自然災害の対応にも役立つ。もともと情報システムの領域などではバックアップセンターの用意が当然とされ、大手金融機関は自前のセンターを用意してきたが、このところコストの兼ね合いからバックアップ機能の軽量化が進んでいた。電磁パルス攻撃への懸念はバックアップ機能について再考を迫るものと言える。

016

地上の太陽エネルギー

●核融合発電が原油依存の枠組みを一掃

利権がからむと富の集中が起こり、一部の既得権益者に市場を牛耳られる。化石燃料エネルギーの利権で動くオイルマネーはその最たるものだ。原油価格の操作によって様々な経済的コストが変動し、世界中の企業がそれに翻弄され続けてきた。

そのエネルギー源を化石燃料からそっくり置き換えてしまうテクノロジーが「核融合発電」である。燃料が水素に置き換わり、原油に依存していた既存の枠組みが一掃され、エネルギーのコストが劇的に下がる。まさしくゲームチェンジである。

核融合発電は太陽のエネルギー源である核融合反応を使う。地上に太陽エネルギーを人工で作り出すことから「夢のエネルギー」と言われてきた。ただし研究が始まってから約六十年経つものの、いまだ実用化のめどは立っておらず、「夢のテクノロジー」でもある。

発電に有力とされるのが、重水素と三重水素の核融合反応である。二つの原子核がその間に働く反発力に打ち勝って融合すると、ヘリウムと中性子ができる。その反応の前後で質量が減少し、減少した質量がエネルギーに変わる。一グラムの燃料で発生するエネルギーはタンクローリー一台分（約八トン）の石油を燃やしたときの熱量に相当するという。既存の核分裂反応による原子力発電と違い、燃料が海水中に豊富に存在し資源枯渇の心配がない、反応が暴走する危険性がない、高レベルの放射性廃棄物を発生しない、という特徴がある。

やっかいなのは発電設備が大掛かりになることである。核融合反応を実現するには原子核同士を毎秒千キロメートルの速度で衝突させる必要がある。この状態を生み出すために、加熱装置で一億度以上の高温プラズマを発生させ、超電導磁石などを使って原子核を一定空間に閉じ込める必要がある。

しかも核融合反応のプラズマは挙動が複雑で予測が難しい。グーグルが核融合ベンチャーの米Tri Alpha Energy（現TAE Technologies）と共同で核融合プラズマの計算アルゴリズムを開発したとの報道が注目されたものの、現状はまだプラズマを閉じ込める実験をいかに効率的に行うかで四苦八苦している段階である。

国際協力で核融合発電の実現性を実証することを目指すプロジェクトもある。日本、EU、米国、ロシア、中国、韓国、インドが参加する実験施設「ITER」は、二〇〇七年に母体となる組織が発足後、建設が進められたが、技術的なハードルの高さなどから予算オーバーと計画遅延を繰り返した。運転開始は当初二〇一九年の予定だったが、二〇二五年十二月に延期され、核融合運転は二〇三五年十二月となっている（以上は二〇一八年五月現在の予定である）。

このような高温プラズマを利用した核融合発電はたとえ実現できたとしても設備コストの高さから経済性で有利と言えるかどうかが怪しい。そこで期待されるのが常温（室温）で核融合反応を起こす「常温核融合」である。

常温核融合は一九八九年に米国と英国の研究者がこの現象を確認したと発表したことから世界中で注目された。重水を満たしたガラス容器の中にパラジウムとプラチナの電極を入れて電気分解を実施したところ、電解熱以上の発熱が得られたとする。「試験管の中の太陽」として大きな話題となったが、その後、数多くの追試があったものの再現性が低く、「ニセモノの科学」との扱いを受けるようになった。

日本でも一九九四～一九九八年に新エネルギー・産業技術総合開発機構（NEDO）のプロジェクトが組まれ、再現実験に取り組んだが、過剰熱の発生を実証できなかった。前述の電気分解から方法を変え、二〇〇一年には三菱重工業がパラジウムなどの多層膜に重水素ガスを透過させて「核変換」に成功、二〇〇五年には大阪大学がパラジウムのナノ粒子に水素ガスを注入して過剰熱を確認した。

二〇一五～二〇一七年にはNEDOのプロジェクトが再び実施され、百二十グラムのナノ複合金属材料から十～二十ワットの過剰熱を発生させ、約一カ月持続したという成果を得ている。このように「本物」と認められる日を信じ、日本の一部の研究グループは諦めず、検証のための実験を続けている。

常温核融合は反応メカニズムが完全に解明されたとはまだ言えないが、安定的に制御できれば、前述の通り、核融合発電が既存のエネルギー源をすべて置き換えるゲームチェンジを起こす可能性がある。NEDOプロジェクトに参画したトヨタグループ系の技術系シンクタンクであるテクノバは、常温核融合による発電コストを一キロワット時当たり二・六円、既存の火力発電の五分の一に下がると試算する。エネルギー・コストがこれだけ下がると、交通・運輸、物流、製造、素材、情報、サービスなど様々な産業分野でコスト構造が大きく変化する。企業の競争優位性を高める視点も変わってくるだろう。

常温核融合の実用化は、電気自動車の電熱ヒーター用など出力五キロワット程度の発電であれば、「二〇二五年までには可能」（テクノバ）と言う。そこで実績を積めば、数百万キロワット出力の発電所を代替することを、高温プラズマの核融合発電よりも早く実現できるかもしれない。

017 送電コスト上昇

●「電力多消費型」産業は立地見直しも

一方、足元のエネルギー事情を見ると、火力発電所を支えてきた「送電線インフラ」の維持コストが上がり、存続が危ぶまれる危険性が出てきている。

予想を上回る再生可能エネルギーの普及によって、大型火力発電設備を主力にしていた国内外の大手重電メーカーの業績が悪化している。再エネの「主力電源化」の動きは火力プラント関連産業の経営に大きな影響を及ぼす。さらに火力発電所という「電源」だけでなく、送電線インフラ自体の存続を脅かしかねない。

固定価格買取制度（ＦＩＴ）が終了すると、再エネ事業は単純な売電モデルから多様な事業形態に変化していく。需要地内への設置が可能な小規模太陽光は「自家消費」を、地域に分散したメガソーラー（大規模太陽光発電所）や風力・バイオマス発電は近隣で活用する「エネルギー地産地消」を、それぞれ志向する動きが高まってくる。

蓄電池などエネルギーストレージの低価格化が進むと、出力を安定化させつつ、こうした地産地消モデルの事業性を確保できる可能性がある。従来は再エネを主体にしたローカルなエネルギーのやり取りをしようとしても需給バランスの維持から簡単ではなかった。

自家消費とエネルギー地産地消の進展は、遠方から電気を運ぶ送電線（特別高圧送電線）の稼働率を下げることになる。送電線の維持コストを巡る仕組みのあり方が論議になり、場合によっては、電気料金の値上げとして需要家の負担を増したり、追加投資が滞ったりして送電線の維持自体が難しくなる恐れすら出てくる。

遠隔地からの電気を送るコストが上昇することは、電力多消費型の産業に対し、立地政策の再構築を迫るかもしれない。かつて、アルミ精錬産業は電気代の高い日本では存続できず、ブラジルなど低コストの水力発電を持つ地域に集約されたが、国内でもこうした産業の立地再編が起きるかもしれない。

すでに送電インフラの維持が問題になるケースが国内外で顕在化している。住宅への太陽光発電システムの普及が進んでいる米国では、数年前から「デス・スパイラル」による、送配電網維持の危機が指摘されている。

米国では、ネットメータリングという制度で住宅太陽光が普及している地域が多い。これは自家消費が基本で、余剰分は購入電力と相殺する仕組みだ。これによって消費者の支払う電気料金が減ると、電力会社は電気料金を通じて送配電網の維持管理コストを回収できなくなる。こうした送配電網の維持という観点からの〝負の連鎖〟を、デス・スパイラルと呼ぶ。これが進むと、電力会社は送配電網を維持できなくなる。とはいえ太陽光を設置できない需要家は存在するから、社会全体にとって送配電網は依然として必要であり、いかにして住宅太陽光の普及と送電インフラ維持を両立させるかが制度設計の課題になる。

日本でもこれに近い問題が出てきた。FITで導入された再エネは、買取期間の終了する二十年後には減価償却が済み、一部設備の更新により、燃料代ゼロの低価格な電気になる。エネルギー地産地消を目指し、電力会社の送配電網を使って近隣の需要家に送ろうとすると、全国どこに送電しても一律になっている「託送料」が加算され、電力会社の電気料金と大差なくなってしまう。

そこでエネルギー地産地消を推進する自治体は、託送料の需要地近接割引、つまり近くに送る場合は「託送料を安くすべき」と主張している。だが、今のところ、この割引制度が導入される予定はない。簡単にこれが認められないのは「近接割」を認めると、その分、遠隔に送電する際の託送料を引き上げざるを得なくなるからだ。

米国の「デス・スパイラル」、日本の「需要地近接割引」の制度設計の議論は、自家消費やエネルギー地産地消が進んだとしても、「送電線は社会インフラとして必要」との前提に立っている。

だが、今後、蓄電池などエネルギーストレージのコストがさらに下がっていくと、電力会社の送配電網とは接続しない完全自立型の太陽光の自家消費モデル、自営線を使った地域マイクログリッドが出てくる可能性もある。電力会社の送配電網からの「離脱」が現実化した場合、もはや電気料金などの制度設計によって、送配電網の維持コストを確保できない。そうなった時、本当の意味でのデス・スパイラルが始まり、全国大の送電インフラは存続の危機を迎えることになる。

018 超人化

●従業員が超人になる、それを社会は許すのか

宇宙、軍事、エネルギーに続き、一転して人間など生物に関わるゲームチェンジングテクノロジーを紹介しよう。超人化である。

米国のスタートアップ企業、ヘイロー・ニューロサイエンスが開発した、「ヘイロー・スポーツ（Ｈａｌｏ Ｓｐｏｒｔ）」と呼ぶヘッドホンがスポーツ界で注目を集めている。見た目は普通のヘッ

ドホンだがヘッドバンド部に仕掛けがある。装着時に頭頂部に触れる部分に電極を備えており、微弱な電流で脳の運動皮質に刺激を与える。その刺激とトレーニングを組み合わせると、通常のトレーニングよりも運動能力を高める効果があるという。

怪しげな装置にも思えるが、既に米大リーグ（ＭＬＢ）や五輪選手など多くのトップアスリートで採用実績がある。ヘイロー社は米スタンフォード大学医学部の研究者が中心となって設立された。脳への電気刺激は「経頭蓋直流電気刺激（ｔＤＣＳ）」と呼ばれる手法で、運動機能障害の回復やリハビリへの応用が期待されている。ヘイロー社はｔＤＣＳをトレーニングに応用した。同社によれば、スキー競技の米国代表チームによる十一日間のトレーニングでは、ヘッドホンを使ったグループは使わないグループよりも跳躍力が十三パーセント高まり、目標パフォーマンスに達するまでの期間が五日間短かったという。電気刺激による脳への介入が運動能力の強化に寄与したというわけだ。

ヘイロー社のヘッドホンはテクノロジーによって人体の能力を強化する「超人化」の手法が新たなフェーズに入ったことを象徴する。従来は難しかった潜在的な能力を引き出したり、人体のパーツをより優れた新たなものに取り替えたりすることを目指す方向に進み始めた。これはスポーツ分野に限った話ではない。超人化の要素となる技術は、再生臓器や遺伝子操作のような生物系と、電動義肢やパワードスーツのような電子機械系を中心に、進化している。今後、テクノロジーによる超人化は人間の能力開発に関する社会のコンセンサスを大きく変え、社会やビジネスに影響を与えていくことになりそうだ。

テクノロジーによる超人化は、長寿、健康寿命の延伸という太古からの人類の望みをかなえる点で朗報との見方が多い。高齢者や身体に障がいを持つ人の社会参加を促すダイバーシティー社会を実現する上でも重要な役割を果たす。半面、様々な危険も考えられる。

最も大きな懸念は倫理面だろう。テクノロジーによる超人化は果たしてどこまで許されるか。この命題に対する線引きは定まっていない。新しいテクノロジーで獲得した能力が倫理的な観点で否定され、社会から批判を受けることもあるだろう。逆にテクノロジーによる超人化が社会からコンセンサスを得ることになれば、ビジネスへの導入を躊躇した企業は出遅れることになる。

こうした課題が先端的に表出しているのが、人間の身体能力を極限まで引き出すことが求められるスポーツの分野だ。これまでスポーツ分野では、筋肉増強剤や興奮剤といった薬物を体内に取り入れて身体能力を高める手法をドーピングとして禁じてきたが、ここにきて従来とは異なる新しい方向の超人化技術、いわゆる「テクノロジー・ドーピング」への対応が議論されるようになっている。

例えば、競泳では十年ほど前に水の抵抗を低減するラバー水着の着用によって数多くの世界記録が樹立された。トップ選手がこぞって採用したものの、より高性能な素材を使える選手ばかりが有利になると論争が起きた。その結果、競技の公平性の観点からラバー水着の着用は禁じられた。

選手の疲労回復（リカバリー）手法でも同様の動きがある。液体窒素を用いたカプセル型の冷却装置で瞬間的に身体を冷すことで疲労回復を促す「クライオセラピー」という技術はトップレベルの競技スポーツで採用が進んでいる先端リカバリー手法だ。これも公平性の観点で五輪大会では利用が限定されている。

薬物ドーピングが禁じられた背景には公平性に加えて、選手の健康被害がある。ただし冒頭で紹介したtDCSのように脳に何らかの刺激を与える行為が健康に影響を与えるかどうか、現時点では明らかになっていない。それ故に今後の動向を占うことは難しい。

パラスポーツでは義足アスリートの五輪出場を認めるかどうかという議論がある。きっかけは陸上競技で義足アスリートが健常アスリートと同じ水準の記録を出し始めたことだ。あくまでも仮定の話ではあるが、義足を付けた方が速く走れるようになり、しかも同じ土俵で競うことが認められるとしたら、自ら足を切る選択をして金メダルを目指す健常アスリートが現れるかもしれない。はたしてそれを社会として許容できるかどうか。こういう議論につながっていく。

スポーツの最先端で起きている議論は姿を変え、そう遠くない将来に一般のビジネスでも提起されるはずだ。例えばtDCSは運動機能だけではなく、学習や記憶力の向上に有効という報告がある。企業の研修などで様々なスキルや知識を習得する際に活用できるかもしれない。また、技術の進化によって通常の手足を義肢に付け替えると他の人の十倍のスピードで仕事をこなせるようになるかもしれない。そうなったとき、従業員による超人化の選択を企業と社会は許すようになるのだろうか。

まるでSF映画のような話だが、それが極めて現実味を帯びているのが今である。テクノロジーによる人間の身体や感覚の拡張が当たり前になる未来への準備が問われる。

019 スマートドラッグとバーチャル中毒

●テクノロジーは人間に有害か

テクノロジーが人間に与える影響の良し悪しは喫緊の問題になっている。超人化ほど過激ではないものの、スマートドラッグやバーチャル中毒の例がすでにある。

スマートドラッグは通称だが、もともと睡眠障害などの治療に使う医薬品を記憶力や集中力を高めるために服用することを指す場合が多い。脳の中枢神経を刺激する成分があるが、健康な受験生が飲むことは本来の用途ではないし、副作用や依存性の危険があるという。

医師の処方箋が必要になるが個人使用であれば一カ月分程度を輸入できる。インターネットの通販サイトを見ると「海外直送品」として、そうした薬がずらりと並ぶ。厚生労働省は薬監証明を受けないと個人で輸入はできないようにしていく方針である。

一方、バーチャル中毒とは常時ネットにつながっていないと不安になることをそう呼ぶ。以前からあったネット依存、ビデオゲーム依存の最新版といえる。VR（仮想現実）などゲームの技術が高度になり、リアルなものでは満足しなくなる人が出てくるという。

テクノロジーと人間の健康との関係は古くからのテーマである。今後、ゲームを変えるようなテクノロジーが見えてきた際、人への副作用を常に考えなければならない。だが、前述したとおり、開発独裁国家や自分の力を拡大したいと思う個人がリスクをとって採用に踏み切るかもしれない。

020 フードテック

●代替肉は人類の食料危機を救えるか

フードテックは「食とテクノロジーの融合」という意味で使われる造語で、ＩＴを利用した農水産業の管理経営や、植物由来の細胞や動物の幹細胞を培養して食肉そっくりの味がする食品を作り出す「代替肉」、さらには全自動調理ロボットのような技術を含めて、食に関連する広いビジネス領域を包括する言葉である。

中でも今、熱い視線を集めているのが、人類の食料危機を救う可能性を秘めた「代替肉」だ。米調査会社のアライドマーケットリサーチは肉の代替品の世界市場は二〇一八年～二〇二五年に平均七・七パーセントで成長を続け、二〇二五年には七十五億ドルに達すると予測している。

二〇一三年にオランダにあるマーストリヒト大学教授のマーク・ポスト博士が世界初の培養肉で作ったハンバーガーの試食会をロンドンで開き、注目を集めた。その後、人工肉の開発が本格的に動き出し、アメリカやイスラエルを中心にフードテック・ベンチャーが次々と登場。植物由来のひき肉やソーセージ、鶏肉の代替肉をハンバーガーチェーンやレストランなどに提供している。中には全米のスーパー二万店以上で販売されているヒット商品もある。これは植物性タンパク質で作られたハンバーガー用パティで、日本の大手商社が日本国内での販売を検討している。

代替肉の開発がこれほど短期間に進み、次々と実用化されるに至ったのは、大手企業や投資家が軒並み、有望なテクノロジーとみなし、投資を惜しまないからだ。マクドナルドの元社長のドン・トンプソン氏は代替肉ベンチャーの取締役に転身、マイクロソフトの創業者のビル・ゲイツ氏はこの技術に多額の投資をしている。

確かに一見すると代替肉はいいことずくめのように見える。現在の非効率な食肉生産・流通システムを合理化でき、コストを削減できそうだ。生産工程が衛生的で、狂牛病や鳥インフルエンザのような感染症に冒される危険を減らせる。細胞の培養は土壌の影響を受けないため、飼料の育成や糞尿処理なども不要で環境負荷が小さい。動物を殺さずにすむため、人道的・道徳的な問題もクリアになる。さらに植物由来の肉の方が豚肉や牛肉よりもカロリーや脂肪分が低く健康によいという指摘もある。

これだけ代替肉が有望な理由が揃えば、食品メーカーや外食チェーンなどの業界を中心に導入したいと考える企業は多いだろう。だが、フードテックもテクノロジーである以上、例外ではなく「代替肉」にはリスクがある。

一つはコストと質の兼ね合いだ。現在、米国内のレストランで提供されている植物肉のパティを使ったハンバーガーの価格は一食当たり二十ドル前後。需要が伸びることで十ドル付近まで下げられるとみられているが、シナリオ通りにいくかどうかは不確実である。ベジタリアンの支持が今後も伸びる、ヘルシーブームに頼る、ということで需要を安定させられるか。生産コストを抑えながら動物肉に負けないくらい美味しい植物肉を開発することが重要な課題になる。

二つ目は細胞培養という技術によってつくられる「代替肉」に対して懸念を持つ消費者への対応である。「遺伝子組み換え食品ではありません」という表示はスーパーなどで日常的に見かけるようになった。技術と生産工程の透明性を高め、消費者に対して正しく説明できるかどうか、それが代替肉のさらなる普及にとって鍵になる。

このほか、食品安全面で確立された指標がまだない、生産・流通システムの構築にあたり既存の食肉業界との調整が必要、といったように越えるべきハードルがある。代替肉の将来性を冷静に見極める必要があるだろう。

021

R&D地盤沈下

●企業の稼ぐ力を削ぎ、日本の競争力が低下

日本経済新聞が二〇一八年五月二日に報じた記事によると、金融を除く上場企業の二〇一八年三月期における合計の売上高と純利益は過去最高となった。日本企業の「稼ぐ力」は高まっている。ところが、じわりじわりと日本企業の足を引っ張り、世界における日本の競争力低下を加速させ、取り返しのつかない状況に落ち込みかねない事態が起きつつある。日本における研究開発力の低下だ。

研究開発力は企業や国の競争力の源泉となる。大学や公的研究機関、そして企業の研究部門で取り組まれる研究開発テーマは、既存産業の生産性向上と収益性の拡大、そして新産業の創出などに生かされ、それが企業業績や日本のＧＤＰ増加につながる。こうした正の効果が研究開発力の低下によってしぼんでしまう。ゲームを変えるどころではなくなる。

日本における研究開発力の低下は科学技術に関する論文の件数や先進性の評価を見ると明白だ。文部科学省科学技術・学術政策研究所の分析によると、日本の論文数は過去十年間で伸び悩み、世界ランキングは二位から四位に低下した。注目度が高い論文に限ると四位から九位に落ちている。技術立国を誇ってきた日本が間もなくトップテンに入れなくなるかもしれない。

注目度が低いということは、論文の質の低下、つまり研究開発の先進性が失われてきたと言わざるを得ない。

分野ごとに見ると日本が直面する状況の深刻度が分かる。注目度が高い論文の世界ランキングは「工学」分野で五位から十三位に低下。日本が強いとされる自動車や機械、電子機器といった産業の競争力低下が懸念される。新産業の軸として期待されるＡＩやビッグデータなどＩＴと強く関わる「計算機・数学」分野も十三位。同じく、今後の産業発展が期待されるライフサイエンスに関する「臨床医学」「基礎生命科学」といった分野も十位。

日本のランキング低下は世界の主要国での研究活動が活発になっている影響も大きい。米国をはじめ、ドイツや英国、フランスといった欧州主要国での論文数は過去十年で三十～四十％伸びた。中国に至っては四倍以上に増えて日本を凌駕し、韓国は二倍以上に増やして日本を猛追する。一概には言えないものの、研究開発が盛んになるほど論文数が増加し、その中に含まれる質の高い研究の論文も自ずと増えてくると考えると、欧米主要国や日本を除くアジア主要国の世界ランキング上昇は納得がいく。

日本は果たして、こうした状況を打破する策を持ち得るのだろうか。可能性は残されている。日本の研究開発力の伸びを阻害する要因を取り除けばよい。例えば、日本の論文の七十パーセント強を生み出し、日本の研究開発を支える大学を活性化する。現状では、研究者が自由な研究に投入できる研究費や研究時間が不足、経済的な不安から研究者を志す若手研究者が減少するといった問題を抱え、研究現場の活性化が阻害されているとされる。

研究活動が活発な海外にならうところも多い。まず挙がるのが研究活動の国際化だ。ドイツや英国、フランスは論文数が年々増え、世界ランキング上位を維持する一方、著者が自国内にとどまる論文数は横ばいである。自国外の研究機関との共著が増え、それが研究の量と質を支えている。日本でも海外機関との共著論文は年々増えているが伸び率で欧州主要国と差がついている。注目度が高い論文をみると、海外機関と連携した研究の論文が占める比率が高い。海外機関との連携を強めることで、研究活動の活性化とレベルアップを図ることが可能だ。

企業との共同研究を増やし、資金や人材といった研究リソースを大学に取り入れる策も有効だ。日本の大学は、米国の主要大学に比べて企業から受託する研究費が少ないとされる。例えば、マサチューセッツ工科大学には年間百億円以上の研究費が企業から集まる。研究レベルの高さだけでなく、企業のニーズを把握して大学の研究テーマ（シーズ）をつなぐ仕組みがあり、それを担う専任の人員が配置されていることが、企業を大学に引き付ける鍵であるとの指摘がある。企業にとっても、大学を活用しながら自社の研究開発力を高めることが可能だ。

022

技術予測の誤謬

●機会を失えば事業も失う

未来に向けて、どうテクノロジーをサービスや製品に結びつけ、新たな価値を生み出していくか。多くの企業に課せられた切実な課題である。その答えを導き出すために欠かせない作業が技術予測ということになる。誤れば機会を逸し、結果として主幹事業を失い、市場からの退場を余儀なくされることすらあり得る。「自動運転という技術革新を目前に控える自動車関連企業」といった具体的な状況を想像してみれば、ことの重大さを生々しく理解できるだろう。

だがその技術予測には、いくつもの落とし穴がある。まず、従来型の「各分野の技術専門家が集まって作成した予測」にどれほど信頼が置けるかという点だ。それらの多くは、技術の潜在能力を示すものであっても、実際にいつどれほど進化するかを示すものではない。欠けているのは、「燃料なくして技術の進化はない」という認識であろう。

燃料とは研究開発に投入される人的、金銭的リソースを指す。それらを投入することで初めて技術は進化するのであり、進化の速度は投入量に依存する。そしてその投入量は「その技術を開発すればどれだけの利益が得られそうか」ということによって決まる。つまり、技術進化の速度と投入量には強い相関があり、その投入量は市場規模や利益の大きさと極めて密接な関係にある。

だから、技術の進化を予測しようとするなら、技術がどのような市場を生み、それがどれほど拡大していくかについて予測しなければならない。その作業は技術の専門家だけで成し得ることではないだろう。技術の専門家だけが集まった予測に信頼が置けない所以である。

関連して言えることがもう一つある。技術はしばしば、突如として指数関数的に進化し始める。多くの場合、技術進化を牽引するのは市場だが、その成長過程は直線的ではない。経験的に商品の普及や市場の成長が「ロジスティック曲線」と呼ばれるS字曲線に似たパターンで進行することが知られている。S字曲線は立ち上がり部分において「指数関数的な伸び」を示す。市場の拡大がそうであれば、それに連動する技術進化もまた指数関数的なものになる可能性が極めて高い。

だが、世にあまたある市場予測や技術予測の多くは「年率xxパーセント」といったリニアな伸びを想定する。「現在は穏やかな変化であるが三年後から急激に進化し始める」などという予測は立てがたいということかもしれない。だがこのことが、技術進化の速度を見誤る落とし穴になる。

さらにもう一つの落とし穴を指摘しておきたい。人には「こうあって欲しい」「こうあるべき」という思いを予測に刷り込んでしまうという悪癖がある。だから、既存事業の破壊要因となる技術の進化に関して、どうしても保守的に見積もってしまう。逆にその技術で既存事業に切り込みたいと思っている企業は前のめりに進化を予測し、それに基づいた事業計画を立てがちだ。

先の例に当てはめていえば、自動運転車の実用時期に関して、必ずしもそれを歓迎すべき事態ととらえられない「守る」立場の自動車業界と、それを好機とみる新たにその分野に参入しようとする異業種企業では違った見解を抱き、違った行動に出る可能性が高いということだ。技術が変われば、ときとしてプレーヤもがらりと変わる。カメラが銀塩方式からデジタルに移行したとき何が起きたかを思い出してみれば分かるだろう。消費者から見れば歓迎すべき光景であっても「先が読めなかった」企業からすれば悪夢以外の何ものでもない。

023 軍事絶対拒否

●軍事と民用の境目はどこにあるか

二〇一七年三月二十四日、日本学術会議は「軍事的安全保障研究に関する声明」を発表した。一九五〇年に出した「戦争を目的とする科学の研究は絶対にこれを行わない」という声明を継承するものである。

今回の声明の中で学術会議は「研究成果は、時に科学者の意図を離れて軍事目的に転用され、攻撃的な目的のためにも使用されうるため、まずは研究の入り口で研究資金の出所等に関する慎重な判断が求められる」とし、「軍事的安全保障研究と見なされる可能性のある研究について、その適切性を目的、方法、応用の妥当性の観点から技術的・倫理的に審査する制度を設けるべき」と述べている。

どのような科学研究にも不確実性がある。研究資金の出所を文部科学予算や民間企業からの投資に限定し、「軍事的安全保障研究と見なされる可能性」が皆無の研究であったとしても、その成果が軍事に転用されることがある。逆に研究資金の出所が軍関係であっても民間で利用される成果が出ることもある。科学というよりテクノロジーではあるが前述のGPSや、自動運転が進むきっかけの一つになったコンテストは米国防総省が資金を出した。

資金の出所が軍関係でもあっても「攻撃的な目的」を意図しているとは限らない。米国の国防総省や四軍は大学や民間の研究機関に資金を提供しているが、その狙いはゲームチェンジを起こしかねないテクノロジーとして何があるかを調べておくことにあり、直ちに兵器などの開発に役立てようというわけではない。兵器の開発は別の予算になっている。

つまり大学や研究機関、企業に所属する科学者や技術者が「軍事には絶対関わらない」ようにすることは本質的に難しい。そういう努力を続けているうちに、「攻撃的な目的」で研究する他国が民間のイノベーションにつながる成果を挙げ、軍事ではなくビジネスで優位に立ってしまうかもしれない。また民間では投資できない将来のテクノロジーを他国が軍の予算で生み出してしまうかもしれない。

科学やテクノロジーには本質として危険なところもあり、「絶対にこれを行わない」という姿勢だけでは危険を回避できないのではないだろうか。

024 始めたら止められない

●リニアや水素社会は「夢か悪夢か」

ゲームを変えるようなテクノロジーにはリスクが付きまとう。リスクをうまくマネジメントしつつ、挑戦をしていかなければならないが、リスクがあまりにも大きくなり、顕在化したらとても耐えられないと判断できた場合には、挑戦を止める意思決定が求められる。

ところが往々にして「もう決めて始めてしまった」「ここまでやったのだからなんとかやりぬこう」という声が出て、止めるべきものを止められなくなってしまうことがある。

日経ビジネスは二〇一八年八月二十日号で『リニア新幹線　夢か、悪夢か』という特集を掲載した。トンネル工事の難しさ、環境問題、投資対効果、東海道新幹線のバイパスの必要性、技術面の安全性など、諸要素が絡み合っている。すでに多くの工事会社、電機メーカーがリニアビジネスに関与しており、いまさら見直すことなどありえないのだろうがリスクは大きい。

二〇一七年十二月二十六日、政府は「水素基本戦略」を決定した。資源エネルギー庁の説明文には「従来エネルギー（ガソリンやLNG等）と同等程度の水素コストの実現を掲げ、その実現に向け、水素の生産から利用まで、各省にまたがる政策群を共通目標の下に統合しました。基本戦略に基づき、カーボンフリーな水素を実現することで、水素を新しいエネルギーの選択肢として提示するとともに、日本の強みを活かし、日本が世界のカーボンフリー化を牽引していきます」とある。

水素を使う燃料電池車は夢のテクノロジーである。ただし、それは自動車メーカーにとっての夢である。高度な製造技術が必要であり参入障壁が高く、車の単価は下がらない。ただし、車を買う利用者にとって利点はなく、水素ステーションの設置に伴い、都市インフラのコストとリスクが高まる。燃料電池車が走る際にはカーボンフリーかもしれないが、水素をつくる段階で電気を使っている。

避けたいシナリオは下記のようなものだ。世界は日本の動きを無視し、電気自動車シフトを急ぐ。日本は追随しなければならないが、公的資金を水素に投入した以上、止めるとは言えず、資金を投入し続ける。最終的にはギブアップし、公金も水素関連の研究開発も無駄に終わるだけではなく、日本企業の国際競争力を弱めてしまう。

リニアや水素の推進者は「かつての新幹線も当初は無謀と批判された」「ガソリン車が登場したときも危険だと言われた」と語るが、「かつて」と今、そして将来は異なる。世界の状況、足元の推進状況を確認し、このまま進めるのか否かを判断する仕組みが必要ではないだろうか。これはリニアや水素に限った話ではない。

第三章筆者名一覧

日経ＢＰ総研 フェロー
　仲森智博
日経ＢＰ総研　中堅・中小企業ラボ
　伊藤暢人
日経ＢＰ総研　クリーンテック ラボ
　菊池珠夫
　金子憲治
日経ＢＰ総研　未来ラボ
　朝倉博史
　高橋史忠
　谷島宣之
日経ＢＰ総研　ビジョナリー経営ラボ
　高木邦子
日経ＢＰ 技術メディア局
　大久保聡

第四章

ＥＳＧのリスク

環境・社会・ガバナンスの新ルール

025

認証品争奪

●持続可能性に配慮した調達を

省エネ型の設備や機器、節水トイレ、電気自動車など、日本企業が環境配慮製品だと自信を持って販売した製品でも、納入先企業や消費者から「ノー」と言われるケースが増えてくる。最終製品として環境性能が高くても、そこに使用される部品や部材に、違法伐採された木材や、児童労働を行っている工場で生産された原料を使っていることが分かれば、納入先企業から警告を受け、場合によっては取引を中止されてしまう。このようにサプライチェーン上流で環境や社会面に配慮していることが調達先として選ばれる条件になってくる。

納入先から選ばれるためには、環境や社会に配慮しているという条件をクリアしていることを第三者によって証明された原材料、すなわち「認証品」を使うのが有効な一つの方法だ。環境や社会面の基準を定め、それをクリアしていることを証明する国際的な認証制度はいくつかある。紙や木材などが持続可能な森林経営をしている森から産出されたことを示すＦＳＣ（森林管理協議会）認証やＰＥＦＣ認証、洗剤の界面活性剤や食品に広く使われる植物油脂のパーム油が森林生態系や労働者に配慮して生産されたことを示すＲＳＰＯ（持続可能なパーム油のための円卓会議）認証などが代表的なものだ。水産資源では海の生態系に配慮して漁獲されたことを示すMSC（海洋管理協議会）認証、農作物ではレインフォレスト・アライアンス認証や有機JAS認証などがある。

しかし、そうした認証品は数が限られ、争奪戦になりつつある。サステナビリティ（持続可能性）を重視した経営を進める欧米企業は早くから認証品を囲い込んでおり、その結果、日本市場には環境・社会面で問題がある原材料が出回る危険性が増している。例えば木材の場合、林野庁の平成二八年木材需給表によれば日本の木材自給率は現在三十五パーセント程度に落ち込み、市場の多くを占める外材にはガバナンスの低い国からの木材も混入している。環境NGO（非政府組織）の地球・人間環境フォーラムは「一割強は違法材」と指摘している。日本には合法伐採木材利用促進法があり、合法材を利用する企業にお墨付きを与える登録制度があるものの、登録はあくまで任意であり、国内で違法材が流通する恐れを排除しきれていない。水産資源では、世界の漁獲量の十三〜三十一パーセントをIUU（違法・無報告・無規制）漁業による魚が占めるという調査結果を英インペリアルカレッジが発表している。その一部は日本の市場にも流れ込んでいる。

そもそも認証品は欧米企業がNGOなどと協力して作った基準に基づいていることが多く、欧米企業が原材料を囲い込みやすい状況にある。例えば世界で出回っているパーム油のうち、RSPO認証のパーム油はわずか二十％強しかなく、欧米の食品メーカーや化成品メーカーが大量に調達している。日本企業は化成品メーカーを中心に認証油を調達してきたが、食品メーカーは出遅れてしまった。調達ルートを確保したとしても、使用量がまだ少ないために価格交渉力がなく、コスト高に悩まされるという問題も起きている。

もし認証品を調達できず、環境や人権問題など社会面の問題がある原材料を使った場合は、法律違反のリスクが残り、納入先から取引を停止されるばかりでなく、消費者からの不買運動や、NGOからのネガティブ・キャンペーンに見舞われ、企業のブランド価値を毀損する危険がある。これまでも大手食品メーカーや大手消費財メーカーが、持続可能なパーム油を使用していないとして、消費者から抗議の電子メールを送られたり、クレームの電話を受けたりした。NGOから批判の横断幕を社屋に掲げられた事件もあった。

さらに年金基金など、「ESG（環境・社会・ガバナンス）投資家」からの評価も下がり、投資を呼び込みにくくなる。場合によっては投資引き上げ（ダイベストメント）にもつながりかねない。二〇一二年には、欧州の政府年金基金が、森林伐採リスクの高いパーム油を生産・調達していると判断して、パーム油関連企業二十三社からダイベストした例もある。

もちろん、認証の取得がすべてではない。認証品ではなくても、環境や社会面に配慮した原材料であることを、しかるべき自社基準を定めて担保していることを示し、取引先や消費者、投資家に開示すればよい。

さらに、対象となるのは農畜水産物だけではない。紛争鉱物規制に見られるように電子製品やアパレル製品などすべての産業で環境・社会面に配慮した部品や部材の調達が求められている。紛争鉱物規制とは、コンゴ民主共和国とその周辺国で産出した金、スズ、タングステン、タンタルが人権侵害や武装勢力の資金源になっているとして、これらの鉱物の使用の開示を求める規制である。リスクを回避するため欧米の電気電子企業やアパレル企業は委託工場やサプライヤー工場の情報を収集して、環境や社会面の監査に力を入れている。

以上のような持続可能性に配慮した調達の取り組みで日本企業はまだまだ遅れている。二〇二〇年に開催される東京五輪では「持続可能性に配慮した調達基準」を木材や農畜産物、パーム油、紙に対して設け、その他の部材に対しても「持続可能性に配慮した調達コード」の下で環境や人権に配慮したものを使うことを求めている。原材料調達のリスクマネジメントが急がれている。

026 水不足と水災害

●物理的問題だけではなく規制と評判にも配慮

世界経済フォーラムが毎年一月に発表する「グローバルリスク報告書」で、影響の大きいリスクとしてここ数年間必ず上位に挙がるものの一つに「水危機」がある。水危機は水不足と水災害に大別される。水不足では製品の生産に必要な水を確保できるかどうか、水災害では工場が操業を続けられるかどうか、といったことに企業は対処しなければならない。

経済協力開発機構（ＯＥＣＤ）は新興国や途上国の人口増加などを背景に、二〇五〇年には世界の人口の約四十パーセントが深刻な水不足にさらされると予測する。こう聞いても、水資源に困ることがほとんどない日本で事業をしている企業はなかなか実感がわかない。水不足は中国やインドなど海外の問題だと捉えている企業は少なくない。だが、日本国内でも夏場は毎年のように渇水の影響を受け、取水制限をしている地域がある。こうした話は東京の本社には伝わってこないが、現場が工夫して水不足をしのいでいる。

水災害は日本でも起きた。二〇一八年九月の台風二十一号がもたらした高潮によって関西国際空港が一時閉鎖された。気候変動の影響とみられる豪雨や巨大台風が世界各地で頻繁に発生するようになっている。二〇一一年にはタイで大洪水が起こり、現地のサプライヤーから部品などの調達が滞った。

経済のグローバル化が進み、企業は海外に生産や販売拠点を持ち、原材料や部品を海外から調達している。今や、サプライチェーンを見渡せば海外と無関係という企業は少ないだろう。したがって多くの企業にとって、自社の事業に関わる拠点が水不足や水災害の被害に遭う危険がないかどうかを点検し、対策を講じることが、持続的に成長するために欠かせなくなっている。場合によっては、工場を移転したり調達先を変えたりする必要があるかもしれない。食品メーカーの場合、原料に使う農産物が干ばつの影響によって生産量が減ってしまうと直接大きな打撃を受ける。

水危機に対処するにあたっては直接の物理的問題だけではなく、規制と評判にも配慮しなければならない。例えば、汚染された水を排出させないようにする排水規制などがあり、浄化設備などを導入していないと法令違反になる恐れがある。水不足の地域で好き放題に大量の水を使っていると、地域住民から批判され、不買運動を起こされたり、最悪の場合、訴訟に発展したりする。

厄介なのは、水に関わるリスクの種類や大きさが地域によって大きく異なることだ。現地に赴いて河川の流域を調べたり、地域住民の声を聞いたりしなければ、何が問題でどういう対策が必要なのかを判断できない。どこかでうまくいった対策を「ベストプラクティス」としてそのまま他の地域に水平展開できるという性質のものではない。

水危機への対処が求められるのは、事業継続の観点からだけではない。ＥＳＧ投資が広がる中、水危機への対応を怠れば、長期で株を保有し安定株主になってくれるＥＳＧ投資家の評価を下げることになりかねない。

気候変動と並んで、水危機に関する情報開示の要請は強まっている。例えば、英ロンドンに本拠を置くＮＰＯのＣＤＰは二〇一五年から、企業の水に関する取り組みを調査、採点し、結果を公表している。ＣＤＰの活動は、運用資産総額八十七兆ドル、六百五十以上の投資家が支援しており、ＣＤＰの評価は投資判断にも利用されている。サプライチェーン全体で水関連の危険性を把握し、十分な対策を講じていないと良い評価は得にくい。

027

荷主企業の選別

●運転手不足でモノが運べなくなる

近い将来、企業が思うようにモノを運べなくなる時代がやって来るかもしれない。国内でトラックの運転手が不足し、高齢化も進んでいるためだ。運転手の有効求人倍率は三年以上に渡って二倍を超えており、二〇一八年三月は二・九五で全職業平均の二倍である。

にもかかわらずネット通販が急速に普及し、運ぶ荷物は増える一方である。国内の宅配便の取り扱い個数は二〇一六年度に四〇億個を突破し、前年度から七・三パーセントも増えた。再配達も大きな問題になっている。宅配便の約二割が再配達になっているとされ、再配達のために年間で約一億八千万時間、約九万人分の労働力が失われている。

再配達によって、トラックから排出される二酸化炭素も約四十二万トン増えている。国連が採択した温暖化対策の国際枠組み「パリ協定」が二〇一六年に発効しており、二酸化炭素の排出に税金が科されたり、排出できる量に上限を設けて過不足分を市場で取引する排出量取引制度が導入されたりすれば、企業の利益を圧迫する。

今後、運転手不足はさらに深刻になる恐れがある。米ボストンコンサルティンググループは、二〇二七年にトラックの運転手が二十四万人、日本で不足すると予測する。同社によると運転手の数は現在八十三万人だが、今後、高齢化や運転手のなり手の減少によって七十二万人にまで減る。反対に荷物の増加によって運転手の需要は九十六万人に拡大するため、需要の二十五パーセントに相当する二十四万人が不足する計算になる。

輸送方法をトラックから鉄道や船に切り替えるモーダルシフトや、バスやタクシーに客と荷物を一緒に載せられるようにする規制緩和、再配達の防止といった対策だけで、この危機を打破するのは難しい。

足元では物流業者の多くが運賃の値上げに動いており、荷主企業にとって物流コストの負担が増している。値上げに応じない場合は取引を停止されるケースもある。荷物の配送が遅れたり、誤って届けられたりする問題も生じている。

運転手の負担を減らすため、荷物の受け入れを制限する物流業者が今後、増えるかもしれない。そうなった先にあるのは、荷主企業が選別される時代だ。過酷な荷物の積み下ろし作業を物流業者に押し付けているような企業は、配送を引き受けてもらえなくなる危険がある。

顧客に届ける荷物だけでなく、原材料や部品の調達にも影響は及ぶ。予定通りに原材料や部品が届かなければ、商品の生産に遅れが生じる。需要に応じてタイムリーに商品を供給できなければ販売機会を逃す。

こうした事態に陥るのを防ごうと、先行企業は物流の効率化に乗り出している。例えば、複数の企業がお互いの荷物を一台のトラックに一緒に載せて運ぶ共同輸送が広がっている。本来、どこにどんな商品をどれくらい運ぶといった競争に関わる情報を知られたくない。そのため、従来はライバル企業との共同輸送には消極的だったが、そうした状況も変わりつつある。競争は商品の魅力で勝負し、物流は協働で取り組むという考え方で、複数の企業が物流会社を共同出資で設立する動きもある。「選ばれる荷主」になって安定輸送を確保するために、物流の効率化によりいっそう知恵を絞る必要がある。

028 海洋汚染によるプラスチック禁止

●再生材の使用拡大が必須に

生活や産業に欠かせないプラスチックを大量に使う企業に厳しい目が向けられつつある。「ポイ捨て」されたレジ袋やペットボトルなどのプラスチック製品が海洋汚染の原因になっているからだ。米ジョージア大学のチームによると、一年間に海に流れ出るプラスチックごみは最大で千二百七十万トンに上る。

最も問題とされるのが、魚や貝、鳥などが、プラスチックごみを誤って食べてしまい、食物連鎖によって生態系に影響を及ぼすことだ。特にマイクロプラスチックと呼ぶ大きさ五ミリメートル以下の微細なプラスチックは有害物質を吸着しやすく、生物の体内に蓄積されれば重大な被害につながる恐れがある。

マイクロプラスチックは、洗顔料や歯磨き粉などのスクラブ剤に一時期使われていたマイクロビーズのように、初めから微細なプラスチックに限らない。レジ袋やペットボトルといったプラスチックも海を漂っているうちに紫外線や波の力で劣化し、マイクロプラスチックになる。そのため、幅広い企業や商品に関係してくる。

「海洋プラスチック問題」はG7やG20サミット（首脳会議）でも議題に挙がっており、その重要性は今や世界の共通認識になっている。二〇一八年六月にカナダで開催されたG7シャルルボワ・サミットでは「海洋プラスチック憲章」が採択された。二〇三〇年までにプラスチック包装の五十五パーセント以上をリユース・リサイクルし、二〇四〇年までに熱回収を含めてすべてのプラスチックを百パーセント有効利用する目標を盛り込んだ。

プラスチック規制を導入する動きも世界で広がっている。ターゲットになっているのは、レジ袋や食品容器、ストロー、食器といった、使い終わるとすぐごみになる「使い捨て」のプラスチックだ。国連環境計画（UNEP）国際環境技術センターが二〇一八年六月に発行した報告書によると、欧米やアジア、アフリカなど六十を超える国・地域が、有料化や課税、製造・販売・使用の禁止という手法でレジ袋を規制している。

こうした流れを受けてプラスチック製ストローの廃止を決めた世界の大手外食企業が出てきた。子どもや障がい者といったストローが必要な顧客には紙製ストローを提供するなど素材を切り替える。規制や社会の要請に応えるために取り組むわけだがコスト増は避けられない。

規制の影響は、使い捨てプラスチックを使用する流通や外食、食品や日用品メーカーといったサプライチェーンの下流から、容器包装や素材メーカーといった上流へと及ぶ。プラスチック原料を供給する素材メーカーにとっては需要の減退が予想される。土や海の中で自然に分解する生分解性プラスチックなど、売り上げの減少を補う商品の開発が求められる。

海洋汚染の原因となっているプラスチックごみはレジ袋やペットボトルだけとは限らない。化学繊維を使った衣類からは洗濯のたびにプラスチックごみが出る。自動車などのタイヤも磨耗によってプラスチック粉を環境中に放出している。

海洋プラスチック問題への消費者の関心がさらに高まれば、将来、自動車や家電などに使われているプラスチックが規制されるかもしれない。

投資家も、海洋プラスチック問題に関心を寄せており、この問題への対応が投資の判断材料になることも考えられる。あらゆるプラスチックが直ちに使用禁止になるわけではないが、少なくとも企業は再生プラスチックの使用を増やすなど、プラスチック廃棄物の削減に努める必要がある。

029 アスベストの「二〇二八年問題」

●既存建物の解体ピークを迎え、アスベスト飛散事故が急増する

二〇〇五年六月、大手機械メーカー、クボタの旧神崎工場（尼崎市）の元従業員や周辺住民が、

アスベスト（石綿）を吸ったことが原因で悪性中皮腫や肺がんにかかり、多数が亡くなっていたことが明らかになった。アスベストの怖さを日本中に認識させた「クボタショック」だ。あれから十三年、アスベスト被害はますます広がっている。そして二〇二八年、アスベスト問題は最も深刻な事態になると予想される。

まず、これまでの被害の状況を確認する。国は被害者に治療費などを給付する「石綿健康被害救済法」を二〇〇六年三月に施行した。この救済対象として認定を受けた被害者やその遺族は累計で一万二千人を超える（二〇一八年三月時点）。この数字を見るだけで非常に大きな災害であることが分かる。しかも、悪性中皮腫はアスベスト特有のがんであるため認定されやすいが、肺がんは喫煙など他の原因もあるため認定されにくく、実際の被害は数字に表れている以上だと懸念されている。

アスベストは天然の鉱物繊維で、耐熱性や防水性に加え、施工性にも優れているため、かつては「魔法の物質」ともてはやされ、建材や工業製品に使われた。国内で累計約千万トンが使用され、その八割以上が建材に使われたとみられている。最盛期には、意匠性を高めるためにマンションの内装材としてアスベストをはけで上塗りしたこともあったという。

しかし、その便利さとは裏腹に人体には非常に有害だった。一九七二年に世界保健機関（ＷＨＯ）や国際労働機関（ＩＬＯ）はアスベストの発がん性を指摘、一九八〇年にはＷＨＯが発がん性物質に認定している。髪の毛の五千分の一ほどの細い繊維が空気中に浮遊し、吸い込んだ人の肺に長期間滞留して、がんなどの原因になる。潜在期間が長く、三十～四十年後に発症するといわれる。アスベストの輸入のピークは一九七四年。二〇〇四年にアスベスト含有製品の製造・使用が禁止されているのに、クボタショック以降も次々にアスベスト被害が明らかになり、各地で訴訟が行われているのは潜在期間の長さのためだ。

現在、アスベストの大半が使われてきた建設分野のアスベスト問題が次々に明らかになっている。例えば、建設現場で作業中にアスベストに曝露し、悪性中皮腫や肺がんなどを発症した元作業員や遺族八十九人が、規制を怠った国とアスベストを使用していた建材メーカー四十三社を相手に損害賠償を求めた。この「建設アスベスト訴訟」で二〇一七年十月、東京高等裁判所は国と建材メーカーに合計約三億七千万円の賠償を命じた。これ以外にも建設アスベスト訴訟は複数行われており、規制当局や企業の責任を認める判決が増えている。

今後の焦点は、建物の解体時のアスベストの飛散事故だ。吹き付けアスベストやアスベストを含有する断熱材、保温材、耐火被覆材（重量で〇・一パーセント以上）を使用した建物を解体したり、改修したりする際には都道府県に事前に届け出るとともに、粉じんの飛散防止対策を実施しなければならない。このように大気汚染防止法で定められている。しかし、実際には対策が徹底されていない現状がある。例えば、二〇一五年六月、東京都と東京都住宅供給公社が二〇〇八年以降、都営住宅の空き家の補修工事で計七十件の違法工事を行っていたことが判明している。規制を徹底すべき立場の東京都が、アスベストの吹き付け材が使われていたにもかかわらず、飛散防止対策を実施していなかった。

そして「二〇二八年問題」だ。この年、耐用年数を迎えた建物の解体がピークを迎える。国土交通省の推計では、延べ床面積千平方メートル以下の小規模建築物約百三十万棟のうち五〜六パーセントに吹き付けアスベストなどが使われている恐れがある。このままでは、ずさんな工事による周辺住民へのアスベスト曝露被害が懸念される。国は規制強化を考えており、解体工事費の高騰など経済活動にも影響が及ぶ。

030 石油依存経済の終焉

●「石油がぶ飲み」の成長はもうない

二十世紀は「石油の世紀」と言われた。だが、二十一世紀に入り、石油の地位が揺らぎ始めている。一九八〇年代から二〇〇二年ころまで一バレル二十ドル前後で安定的に推移してきた原油価格は、二〇〇四年から二〇〇八年にかけて突然高騰した（二〇〇七年末で同百十ドル）。そして、二〇一四年の暴落とその後の価格低迷と続く。直近は、産油国の協調減産や中東の地政学的リスクを背景に、にわかに上昇傾向にある。かつてない石油価格の乱高下は何を物語るのか。

米国で石油ビジネスが始まったのは十九世紀半ばのこと。当初、石油はランプ用の燃料として注目された。鯨油や松ヤニに比べて圧倒的に明るかったことが普及のきっかけだった。

エネルギーとしての石油の地位を決定付けたのは、一八八五年にドイツでゴットリープ・ダイムラーが特許を出願したガソリンエンジンだ。米国などで当時普及し始めていた自動車の燃料はアルコールが一般的だったが、これがガソリンに置き換わった。二十世紀初めに発明された飛行機も石油との仲は切っても切れない。産業用機械や船舶も石炭から重油への転換が進んだ。液体燃料として扱いやすく、瞬時に爆発的なエネルギーを生み出せる石油は二十世紀の生産性を飛躍させ、高速・長距離輸送を可能にした。

現在、先進国と呼ばれる国々を中心とした二十世紀の世界経済の成長は石油なしにはなしえなかった。石油が重要な役割を果たし得たのは、その豊富な量と価格の安さゆえだ。機械化が進んだ産業や交通インフラに石油という密度の高いエネルギーを湯水のごとく投入できたからこそ急激な成長が可能だった。

だが、その前提が崩れ始めている。

IEA（国際エネルギー機構）が毎年公表している「世界エネルギー展望（World Energy Outlook）」の二〇一六年版に衝撃的なグラフが掲載された。二〇二五年までの短期的な石油生産量を予測したそのグラフは、二〇一九年ころから世界の石油生産量が減少し、二〇一五年時点で日量七千万バレル近くあった既存油田からの生産量が二〇二五年に約五千万バレルにまで減ることを示している。そして「今後、新たな原油開発計画が進められなければ、二〇二五年には日量で一五九〇万バレルが不足する」と明記した。

IEAは一九七四年に米国や日本など加盟二十九カ国の石油危機回避を目的に設立された世

界で最も権威のあるエネルギー調査機関である。そのIEAが既存油田の生産量減少が鮮明になる中で、それを補うのに必要な新規油田開発への投資が不足していると警告している。IEAはここ数年、生産量減少がありうると示唆してきたが、ここにきて明言するようになっている。

もっとも石油の真実はつかみにくい。とりわけ中東の産油国などからは、国の利害や駆け引きが絡み、正確な情報が表に出にくい。最大の産油国のサウジアラビアの原油埋蔵量があれだけの大量生産を続けながら三十年間、全く変わっていないという不思議はその典型だろう。

これまでも石油の枯渇はいく度となく警告されてきた。だが、そのたびに新規油田が開発され、埋蔵量が減ることはなかった。しかし、今回のIEAによる生産量減少予測の背景に埋蔵量の減少があるとしたら、新規油田開発による生産量の回復が求められるが、それは決して容易ではない。投資採算性に見合う油田開発自体が難しくなってきたからだ。

近年、「シェール革命」の言葉に代表されるように、非在来型原油（自噴しない油田）の存在感が高まっている。だが、特殊な技術で泥岩や砂岩から油分を抽出するシェールオイルやオイルサンドは生産コストが割高で、一定のコスト以内で採掘可能な埋蔵量は限られるとの指摘もなされている。原油価格が高くなれば増産されるが、その意味で二十世紀が享受してきた「安価で豊富な石油」とは性格が異なるものだと理解したほうがいい。

一方、在来型原油もブラジル沖海底油田のように、新たな油田の多くは採掘の難度が高く、生産コストが高い。従来のような安価な油田の開発は困難になりつつある。

冒頭に触れた石油価格の乱高下は、ここまで述べてきた世界経済（需給）や国際情勢を映したものと言える。ただ、確実に油価は不安定になり始めており、このこと自体が世界経済にとってリスクと言えるだろう。

そしてこの先、石油の生産量や埋蔵量の減少が顕在化すれば、石油価格は上昇する可能性が高い。ＩＥＡの予測はそれが遠い将来でないことを示唆している。油価が恒常的に高止まりする事態を招けば、あらゆる産業で製造コストや輸送コストの上昇を招き、長期的に経済成長が鈍化しかねない。二十世紀型の石油依存経済は成長の限界に直面しつつある。

031

電気料金高止まり

●再エネと原発、どちらが安いか政府は決められない

二〇一六年に始まった電力全面自由化が目指すところは、自由競争による電気料金の引き下げにある。だが、自由化の進捗や進展具合によっては、思うように下がらない事態もあり得る。

ＩＥＡ（国際エネルギー機関）によると、日米欧主要五カ国のなかで、産業用電力の価格は日本が最も高い（二〇一五年の数値）。当然のことながら産業用電力の価格の高さは国内産業の国際競争力を削ぐ要因となる。

電気料金の引き下げは、まず足元では、新規参入した新電力が、競争原理が働く市場環境の中でいかに安価で合理的に電力を調達できるかにかかっている。その鍵を握っているのが卸電力市場だ。電気事業者間の電力取引の場である卸電力市場が真に競争的にならなければ小売り競争も発展しない。

国内では二〇二〇年に「法的分離」と呼ばれる手法で送配電網が旧一般電気事業者（大手電力）の支配下から切り離されることが決まっている。だが、これだけで競争環境が十分に機能するわけではない。国内に存在する電源の大部分は、大手電力が地域独占時代に投資資金の回収が担保される総括原価方式の下で建設したものだ。これが市場支配力の源泉として引き続き大手電力の資産として残る。そのため、卸市場は小売市場以上に大手電力の市場支配力の影響を受けやすく、日本の電力市場は今も未成熟なままだ。

二〇一七年十月、電力・ガス取引監視等委員会の調査で、中部電力と関西電力の小売部門が、市場取引終了（ゲートクローズ）後も過剰な「予備力」を抱え込んだままだった実態が明らかになった。予備力とは、想定外の需要の伸びや電源の故障などに備える予備的な電源を指すが、実需給直前の市場取引終了時点で小売部門が確保しておく必要はない。

大手電力は余った予備力を卸電力市場に投入するように義務づけられているが、両社が抱えていた分は市場に投入されなかった。ところが二〇一七年の夏場、市場価格が高騰していた。監視委員会がその要因を調査した過程でこうした実態があぶり出された。

前年の二〇一六年には東京電力エナジーパートナーが余剰予備力をルールより高値で市場に

入札していたことが発覚し、相場操縦に当たるとして業務改善勧告を受けた。

自由化で先行する欧米でも過渡期においては旧独占事業体が所有する電源をいかに市場に流通させるかが大きなテーマだった。日本の卸電力市場においても本格的な競争が軌道に乗るまで、そこに誘導する制度やルールの徹底は欠かせない。

政府は市場機能を高めるために、電力の先物市場や長期的に安定的な電源投資を促す「容量市場」など、機能が異なる複数の新市場をつくる検討を進めている。それらのいずれにおいても市場参加者の公正な取引を担保する制度設計や運営ルール、市場監視が重要だ。失敗すれば自由化は形骸化し、電気料金は高止まりしたままになりかねない。

中長期的なエネルギー政策の観点でも、市場機能の活用はより重要性が高まるだろう。

政府は二〇三〇年の電源構成を決める二〇一八年版の「エネルギー基本計画」で、再生可能エネルギーを「将来の主力電源」、原子力発電を「重要なベースロード電源」などと位置づけた一方で、二〇三〇年の目標値は二〇一四年計画のまま据え置いた。議論の過程で浮き彫りになったのは将来の電源構成を決める難しさだ。

近年、電力やエネルギーを取り巻く技術や市場環境の変化はめまぐるしい。コストだけを考えても十年後や二十年後、再エネと原発のどちらが安いかを言い当てるのは困難だ。これまでのように政府が決めた固定的な計画に沿って電源投資を続けた場合、将来にわたって国民は高い電気料金を支払い続ける危険性が高まる。

欧州や米国のエネルギー政策は「市場メカニズムを活用した最適化」へシフトしてきた。電力料金の高止まりを回避するには健全な価格シグナルを発信し続け、適正な投資を促す電力市場の育成が日本でも欠かせない。

032 低炭素経済への移行

●事業や業績の拡大につながるチャンスも

低炭素経済とは、温室効果ガスの排出を抑えながら成長を目指す経済活動のことだ。とりわけ石炭や石油、天然ガスといった化石資源の利用に伴う二酸化炭素の排出を抑えられる経済の実現が期待されている。

世界的に低炭素経済への移行が進むと、企業も変化に適応する必要が生じる。そのための追加コストが発生したり、事業構造を見直したりする必要も起こり得る。これを「低炭素経済への移行リスク」と捉え、前もって把握し、備えることが企業に求められている。

二〇一六年に発効した国際条約「パリ協定」は、締約国に対し二十一世紀末において産業革命前と比べた地球全体の平均気温の上昇を二度未満とし、さらに一・五度以内にする努力を求めている。

これを実現するため、世界でどれだけの温室効果ガス排出量を削減する必要があるか、科学的研究がなされている。中でも「世界全体で二〇五〇年の排出量を現在の半分程度に抑える必要がある」との研究成果が国際的に広く共有されている。

今後、三十五年程の間に排出量を半減させるには、厳しい規制や従来の延長線上にない革新的な技術の導入が必要になる。化石燃料への依存度によっては、企業の事業活動に制約が生じたり、製品・サービスの収益構造が悪化したりする懸念がある。これは移行リスクの一例と言える。

二〇一七年、世界の金融機関などを規制する「金融安定理事会（ＦＳＢ）」の組織、「気候関連財務情報開示タスクフォース（ＴＣＦＤ）」は金融機関や企業に対し、気候変動によって生じる中長期的なリスクなどの把握と対策の計画を求める提言を発表した。この提言でＴＣＦＤは低炭素経済への移行リスクを挙げた。

ＴＣＦＤによれば移行リスクには「政策と法規制」「技術」「市場」「評判」の四つがある。政策と法規制の代表例が、温室効果ガスの排出に課金する「炭素価格」の導入による追加コストや収益構造の変化である。炭素価格には、企業や事業所、設備ごとに設定された排出量の上限を設ける「排出量取引制度」の他、化石燃料の消費に課税する「炭素税」がある。企業は対処を怠ればコスト増で財務が悪化するだけでなく、社会の評判を落としかねない。

社会で気候変動の重要性がいっそう考慮され、人々の意識が変化すると、低炭素型の製品・サービスが市場で求められるようになる。一方で従来型の製品・サービスが競争力を失う。これが市場リスクの一例である。

低炭素経済への移行への対応が遅れ、貢献が少ないと社会から低い評価を受ける。これが評判リスクである。消費者だけでなく企業間取引でも起こり得る。調達先に対し、電力消費の百パーセントを再生可能エネルギーに切り替えることを求める欧米企業が登場しつつある。顧客の要請に応じられないと評判が下がる。

金融機関による投資先の選別により、石炭や石油を多量に使う企業から投資を引き揚げる（ダイベストメント）ケースもみられるようになった。評判が悪くなると企業の資金調達にも悪影響が及ぶ。

低炭素経済への移行は事業や業績の拡大につながるチャンスももたらす。ＴＣＦＤは資源の利用効率を高め、再生可能エネルギーや原子力などの二酸化炭素を排出しないエネルギーを利用することで、低炭素経済への移行に関するチャンスがあると指摘した。他社から抜きんでた省エネ・低炭素型の技術や、製品・サービスを提供できる企業は、低炭素経済においても成長が見込まれるレジリエンス（強靱さ）を備えているとみなされる。ＴＣＦＤはそうしたチャンスの獲得のため、企業の経営戦略を組み立てる必要があると指摘している。

国際社会がパリ協定の下で温暖化対策の推進に協調する限り、低炭素経済への移行は約束された道と言える。移行リスクと向き合い、対処しながら、どのような低炭素社会に世界が移行しようと、チャンスを獲得し、成長を続けられる企業になる戦略を持つべきだ。

033

過剰品質

●デジタル時代の高品質とは何か

ＥＳＧ（環境・社会・ガバナンス）関連のリスクとして、認証品、水、物流、プラスチック、アスベスト、エネルギー、地球温暖化対応を説明した。こうした環境や社会の問題に加え、企業はガバナンスを整え、コンプライアンスを遵守しなければならない。

ルールばかりだと言えなくもないが、ルールはルールであり、手を抜くと企業価値に悪影響が出る。

ガバナンスに関わるテーマとして品質を取り上げる。二〇一七年から二〇一八年にかけて製造業の製品データ改竄問題が立て続けに起きた。ざっと振り返っても、日産自動車、神戸製鋼、川崎重工業、三菱マテリアル、日立化成、フジクラなどで発覚した。

顧客が要求した品質は満たしていたが品質チェックの工程に問題があった例、品質に問題があった例が混在しており、同列には論じられない。また、そもそもの品質基準が形骸化しているとの声も出ている。だが基準が実態と乖離していたとしても基準は基準であり、決めた以上は守らなければならない。「品質に問題はなかった」という説明は逆効果になってしまう（第九章参照）。

一般論として、日本企業が顧客の言うことを聞きすぎ、過度な品質向上に取り組んできたが、それは世界のトレンドに合わなくなっているという指摘がある。当たっている面もあるが、だからこそ日本製品の品質が評価されてきた面もある。

過剰品質をリスクとしてマネジメントしようとしたとき、まずすべきことは品質の定義の見直しである。デジタルの時代を迎え、ハードウエアだけではなくソフトウエアも、場合によってはネットワークを使ったサービスまで含めて品質を管理しなければならない。「デジタル品質」をどこまでどのように追求するか、顧客の意見も聞きながら検討する中で、おのずと従来の品質基準も見直すことになっていくだろう。

そうしたことをせず、現状の基準やルールの遵守を闇雲に強制すると現場が疲弊し、さらに手が込んだデータ改竄を起こしかねない。これは品質に限ったことではない。ガバナンスやコンプライアンスの強要は組織を硬直化させる。

034 ホワイトハラスメント

●うわべだけの働き方改革で組織崩壊

今、企業内で密かに広がっているのは「ホワイトハラスメント」という問題である。経営陣が社外に対して働き方改革を推進している、すなわちホワイト企業であることをアピールしたいがあまり、仕事量や仕事のやり方は同じまま、社員に早く帰ることを強いるというものだ。業務内容や業務量は変わらないので社員は結局、自宅や社外などで働き、埋め合わせることになる。

長時間労働はブラックだとして糾弾する昨今の風潮を気にするがゆえにホワイトハラスメントは起きる。この風潮は、働き方改革に対する政府の積極的な方針によって生まれたものだ。

第二次安倍政権の目玉政策として働き方改革は登場した。狙いは労働人口の確保である。一九九〇年代にピークを迎えた労働人口は、少子高齢化によって、急激な下降トレンドにある。内閣府の予想によると、現状のままいけば、二〇三〇年の労働人口は五千六百八十三万人になる。これは二〇一三年の六千五百七十七万人から一千万人近い減少だ。

この問題を解消するために政府が考えたのが、出産・育児などで家庭にとどまっている主婦や高齢者にも労働してもらうこと。将来に向けて出生率を向上させ、少子化を食い止め、労働人口の減少を防ぐことも狙う。そこで、夫の家事・子育て参加を促し、女性も活躍できるように労働者全体の労働時間の削減、所得の低さから結婚や出産に踏み切れない層を減らすために非正規・正規労働者の格差是正などを進めることとした。

長時間労働の改善は必要だが、それがホワイトハラスメントになってしまうと、やる気のある社員のモチベーションを下げることにつながる。やりがいのある仕事に一生懸命取り組んでいるのに「早く帰らないと評価を下げる」などと言われたらそうなりかねない。

企業と企業の関係におけるホワイトハラスメントという問題もある。受発注関係にある企業において、発注側企業が短時間労働化（ホワイト化）することによって、受注企業側に仕事のしわ寄せが行くケースだ。元請け企業に振り回される下請け企業という構図は昔からあるが、働き方改革でも同じ構造が生まれてしまう。

働き方改革は、事業の選択と集中によるリソースと業務量の最適化、従業員の人生のステージ、適性、仕事へのモチベーションなど応じた動的なアサイン、といった改革とセットで進められるべきものだ。ただし改革には時間がかかる。その前にホワイトハラスメントによって組織の機能不全が起きてしまう危険がある。

労働人口の確保という目的から考えれば企業が本来とるべき施策が見えてくるはずで、それはホワイトハラスメントではない。

035

中堅・中小企業のＭ＆Ａ

●デューデリで見えない違いに気付けるか

企業がガバナンスを発揮しなければならないテーマとしてＭ＆Ａ（企業の合併・買収）がある。Ｍ＆Ａは企業の持続可能性に多大な影響を与える。公表後はステークホルダーが注視する中でポストＭ＆Ａの実務を進めなければならない。

M&Aはもはや一部の大企業だけがするものではない。中小企業のM&Aを主に扱う仲介業者の東証一部上場の三社(日本M&Aセンター、M&Aキャピタルパートナーズ、ストライク)の公開データによると、二〇一七年の成約件数は五百二十六件と、二〇一二年の百五十七件に比べて三倍以上に増えている(二〇一八年版『中小企業白書』による)。

M&Aが増える理由は、後継者不在による事業継続の断念という売る側のニーズが高まっていることに加え、人口減によって国内市場が縮小する中で新規事業を創出して事業を拡大したいという買う側のニーズも出てきていることが大きい。

しかし、M&Aの成約件数が増えるにつれ、思わぬトラブルを抱え込む危険があることが分かってきた。素早く売り上げや利益を伸ばすための手法として注目を集めるM&Aだが、その実施前に、どのようなトラブルが生じる危険性があるのか、確認しておく必要がある。

M&Aの価格を決めるために対象となる企業が持つ資産、技術、人材などの価値を見極め、相手企業の抱えるリスクなども洗い出すデューデリジェンスを実施する。しかし、形だけのデューデリジェンスでは見つかりにくい両社の文化的な違いがあると、トラブルを生じさせる原因になる。

まず、買収する側と買収される側の企業の社風が異なること。あえて単純化し、営業に強い会社が技術力のある会社を買収した場合を考えてみよう。営業に強い会社は営業部門の発言力が強く、営業の成果を高く評価する人事制度になっていることが多い。それに対し、技術が成長の原動力だった会社の人事制度は技術者の能力を的確に評価することで社内の求心力を高めていることが多い。
買収した会社の人事制度をそのまま買収相手の社員にも適用すると、技術者は自分たちの成果が正当に評価されなくなったと不満を抱えてしまう。技術者を育てる時間を買収によって節約するどころか、待遇に不満を感じた技術者が逃げ出してしまうことになりかねない。といって技術者を優遇する人事制度に単純に切り替えたら、今度は自社の成長を支えてきた優秀な営業の社員たちが不平を言い始める。「買収をした会社の社員がなぜ傘下に入った社員よりも評価されないのか」などとM&Aそのものに疑問を持つようになれば、買収した側とされた側の社員はいつまでも水と油のように分離したままになる。

こうした文化の差による会社同士の摩擦が生じる根本的な原因は、双方のトップが持つ会社経営に対する価値観の違いにある。M&Aを実行する前には双方のトップがよく話し合い、実行後の経営体制のイメージをしっかり共有しておく必要がある。前出の例なら、技術力と営業力を組み合わせ、どのように会社全体を成長に導くのか、そのステップをお互いによく理解して社員に具体的に説明できるようにしておく。

技術力や営業力、互いの持つ市場の違いなどで相互補完ができる、おあつらえ向きの物件が出たと飛びついて性急にM&Aを実施すると、擦り合わせの不足が顕在化してしまう。

話がこじれると、買収された会社のトップを中心に社内派閥ができるような事態も考えられる。買収された会社のメンバーが集団退職するようなことになれば、M&Aは空中分解してしまう。

後から財務上のリスクが顕在化することも起こる。デューデリジェンスの時点では、利益率も高く優秀な会社と見えても、買収後に社内監査を細かくすると、実は財務管理がいい加減だったというケースなどだ。

M&Aの思わぬリスクは国内市場だけの話ではない。国内市場が縮小する中、中堅・中小企業が海外進出をした後にも思わぬリスクが潜んでいる。現地での販売チャネルが広がらない、自国産業保護のために進出先の国が日本企業の単独資本による会社設立を認めていないといった理由から、日本企業の海外進出では現地企業との合弁会社設立や買収、資本参加という形を取ることが多い。

しばらく商売を続けると、日本企業側も現地の市場構造などを把握してくる。すると、合弁事業により現地企業と売り上げを折半するよりも、単独資本の会社にして成長の果実を自社で全て得たいという気持ちが日本企業側に強まってくる。そこで、合弁相手が持つ株を買い取り、現地企業を日本企業の百パーセント子会社に切り替えようと考える。ところが現地企業の資本が入っているときには税務署などから国内企業と見られていても、日本企業の百パーセント子会社になった途端に外資系企業と見なされ、課税額が大幅に引き上げられるケースがある。

036

ESG遅れで投資引き上げ

●海外投資家が日本から逃げる

二〇一八年三月二十日、富士通が投資家向けに開催した「ESG説明会」に、証券会社や投資信託会社などから約五十人が集まった。参加者の約三割がESG（環境・社会・ガバナンス）に関連した肩書きを持つ投資担当者だ。この日の説明会のテーマは環境である。富士通の環境・CSR本部長が再生可能エネルギーや省エネの取り組みなどを紹介すると、参加者から「環境活動にかかるコストは」「ライバル企業と比べて再エネ導入率が低くないか」などの質問が矢継ぎ早に飛んだ。

こうした取り組みを実践しているのは富士通だけではない。オムロンや味の素、コマツ、NEC、丸井グループなど、ESG説明会を開催する企業が相次いでいる。

企業がESG情報を積極的に発信しはじめたのは、ESGの評価で投資対象を決める「ESG投資」への配慮である。ESG説明会を主催した富士通のIR担当者は「持続的に成長するためには長期的に投資してくれる安定株主の確保が不可欠。ESG情報を積極的に発信できなければ安定的な投資を呼び込めない」と話す。ESGの取り組み次第で企業の資金調達が左右される時代になった。

投資家が企業のＥＳＧを評価し、場合によっては投資を引き上げる「ダイベストメント」の動きが拡大している。

環境面の代表例が石炭関連産業に対する投資引き上げだ。約一兆ドルを運用するノルウェー政府年金基金は二〇一五年に石炭関連産業に投資をしない方針を決めた。石炭火力発電を続ける電力会社やタールサンドの採掘会社などが対象である。二〇一七年十二月には、世界保険大手の仏アクサが石炭火力発電とオイルサンド事業に対する保険サービスの停止を発表した。ドイツのアリアンツ、スイスのチューリッヒ保険なども同様の方針を発表するなど、欧州の金融機関を中心にダイベストメントの動きが加速している。

社会面では、女性起用の取り組みに注目する投資家が増えている。議決権行使助言会社の米グラスルイスは、二〇一九年から日本の主要上場企業に女性の役員起用を求める方針を掲げている。企業に女性の取締役や監査役がいない場合、株主総会で経営トップの選任議案に反対票を投じるよう推奨する。議決権行使助言会社の基準は、海外の機関投資家がそのまま採用するケースが多く、企業にとって看過できない。

これまで日本では、中長期的な資金調達として銀行が大きな役割を果たしてきたが、一九九〇年代のバブル崩壊をきっかけに減少を続け、現在は資金調達に占める比率は五パーセント以下になっている。銀行に代わって存在感を高めているのが外国人投資家で三十パーセントを上回る。万一、株主総会で経営トップを選任できないような事態になれば、海外の機関投資家はその企業を見限り、投資を引き上げるかもしれない。

ガバナンス面では相談役・顧問制度に対する目が厳しくなっている。相談役・顧問制度は終身雇用を前提とした人事制度の「終着点」であり、日本的経営の象徴といえる。だが海外投資家の目には役割が決められていない人が経営に参加するように映る。

こうした海外投資家の意向を汲み、二〇一七年には資生堂や、Ｊ・フロントリテイリング、日清紡ホールディングスなどが相談役・顧問制度を廃止した。二〇一八年にはカゴメ、伊藤忠商事、パナソニックなども廃止に踏み切った。

とはいえ相談役・顧問制度には、海外投資家が懸念するとしても、経営陣への助言や指導、業界団体や財界活動を通じ、企業の利益になっている面もある。日本企業は古くから、従業員や取引先、地域社会との関係を大切にする経営を実践してきた。こうした日本的経営の良さが企業価値の向上につながるのであれば、それをＥＳＧ情報とともに、投資家へ積極的に説明する必要がある。

第四章筆者名一覧

日経ESG
藤田香
相馬隆宏
田中太郎
馬場未希
半澤智

日経BP総研 クリーンテックラボ
中西清隆
中道理

日経BP総研 中堅・中小企業ラボ
宮坂賢一

日経BP総研 ビジョナリー経営ラボ
谷島宣之

第五章

人財不足のリスク

質量ともに足りない働き手

037

社員大流出

●構造的人手不足に追い打ちをかける五輪

少子高齢化が続く中、一九九五年に八千七百十七万人だった生産年齢人口は、二〇六〇年には四千四百十八万人と約半分に減る見込みだ（国立社会保障・人口問題研究所の予想より）。人手不足は深刻化しており、二〇一八年七月時点での全国平均の有効求人倍率（季節調整値）は一・六三倍とバブル期の一・四六倍（一九九〇年七月）を超える水準が一年以上続くという過熱ぶりとなっている。

こうした中、二〇一八年三月に日経BP総研 中堅・中小企業ラボが全国の経営者にアンケートしたところ、人手不足の会社に与える影響について「深刻な状況」との回答が十一・〇パーセント、「深刻になりつつある」が三十九・五％となり、合計では過半数に影響を及ぼしているという結果が出た（有効回答数は二百人）。

人手不足の影響を受けていると回答した経営者に「この先いつまで続くのか」という質問をしたところ、「二〇二〇年頃まで」が三十四・七％、「二〇二五年頃まで」が二十五・七％と回答している。さらに、「(二〇三五年）以後ずっと」という回答が三十一・七％に及んでおり、人手不足が日本経済の構造的な問題として続くと考えている経営者も多いことが見えてきた。

一方、人手不足の時代を若い従業員はどう見ているのか。経営者向け調査と同時期に企業などで働く二十歳代の従業員に「この先も今の職場で働きたいか」と尋ねたところ、「条件や機会が合えば別の職場で働いてもよい」が四十一・〇%、「なるべく早く他の職場に移りたい」が九・〇%、「すぐにでも退職したい」が八・五%となり、合計で六十パーセント以上が「転職予備軍」であることが分かった（有効回答数は二百人）。

若い従業員の間で転職志向が高まっていることが見て取れる。そもそも大学卒者の三割、高卒者の四割が入社から三年以内で離職しており、売り手市場が続く中で転職市場は活況を呈している。

今や人手不足は都市部だけでなく地方にも広がっている。ある外食チェーンの経営者は「地方ならパートが集めやすいと思ったが、もう人材は残っていなかった」と困惑の色を見せる。北関東のある市に「地元の雇用対策としてどうしても」という依頼を受けて加工工場を新設したものの、いざ開業しようとすると従業員をなかなか集められない。止むを得ず、時給を引き上げたもののそれでも不十分で、車で一時間圏内の市町村にバスを走らせて何とか従業員を集め、工場を稼働させているという。

日本全体に人手不足が広がる中で、注目を集めているのが、東京オリンピック・パラリンピックだ。会期中合計十一万人のボランティアが必要とされており、二〇一八年秋から応募登録が始まる。二〇一九年秋から研修が始まり、二〇二〇年四月から実際の活動が始まる。登録者には最低十日の参加を求めており、会期中となれば連日の参加になる人も出てくるだろう。

ボランティアにどの程度の人が参加するか、それはまだ不確実だが、転職熱が高まる若者の間から「一生に一度のことだからオリンピックにボランティアで参加したい」という人材が出てきても不思議はない。待遇や仕事の内容、職場環境などで魅力の乏しい会社で働いている従業員が、これをきっかけに会社をいったん辞めてしまおうと考えることは十分に有り得る。特に地方の人口流出は深刻になるのではないか。

というのは、一九六四年に開催された前回の東京オリンピックをはさんだ、一九六〇年から一九六五年までの五年間で東京都は人口を十二・二％増やしたからだ。旺盛な建設需要や好調なサービス業に向けて地方から人材が一気に流入した。東京オリンピックを終えたら、地方から若者がほとんどいなくなっているという事態が起これば、さらに地方は疲弊してしまいかねない。

038 採用バブル崩壊

●ミスマッチ退社急増、お荷物社員化も

空前の人手不足を背景に日本企業はなりふり構わず人材確保に奔走している。それは一九八〇年代に日本中の企業が株式や不動産を買いあさったのにも似て、いわば「バブル採用」

の様相を呈している。バブルは必ず弾ける。そしてそのツケは企業に回ってくる。

リクルートワークス研究所の調査によると、二〇一九年三月卒業予定の大卒求人倍率（大学院生含む）は一・八八倍で前年より〇・一ポイント上昇し、一層の「超売り手市場」になっている。中でも従業員三百人未満のいわゆる中小企業の求人倍率は前年の六・四五倍から一気に九・九一倍まで跳ね上り、過去最高となった。こうした状況下では、一部の大企業を除き、採用基準などあってないようなものだ。これまで採らなかったような学生にも内定を与え、さらに内定辞退を恐れて採用人数を水増しする。

「この大学の学生（が入社したの）は初めて」とある上場企業の管理職は言い、とある私立大学の就職担当者からは「本学から初めて採用していただいた」と喜びの声をあげる。

知名度が劣る中小企業にいたっては、本人の能力や適性、会社との相性などにはお構いなく、面接に来てくれた学生に内々定を連発する。工場や販売店、接客サービスなどで働くパート・アルバイトなど非正規社員に対しては、その日の人手を確保するために「応募即採用」という企業もある。

確かに人材を確保できなければ事業縮小や撤退、最悪の場合は倒産に追い込まれてしまう。例えば、都心のオフィス街で来店客は多いにも関わらず、店員を雇えず閉店する飲食店が散見される。帝国データバンクの調査によると、従業員の離職や採用難等により人手を確保できず、収益が悪化したことなどを要因とする「人手不足倒産」は二〇一七年度で百十四件と四年連続で前年度を上回り、二〇一三年度比で二・五倍に増加した。

最近の「働き方改革」の動きも採用バブルに拍車をかける。長時間残業はさせられず、かといって生産性の向上は簡単ではない。日々の業務が回らないから、人を採ろうとする。

しかし、目先にとらわれたり、周囲に惑わされたりしてはいないか、再考してはどうだろう。人数を確保するためにぎりぎりの成績で採用した社員が入社後に大活躍することもあるが、そうではないことも当然ある。

まずミスマッチですぐに辞めてしまう恐れがある。一人当たりの採用コストは一般に五十万～六十万円。これに社員の人件費なども加えると多額の投資が無駄になる。配属部署などでも混乱が生じる。入社後に時間とお金をかけて研修・教育しても、言葉は悪いがそもそも能力や適性が乏しいのだから期待できない。やがてはお荷物社員と化し、その人件費負担がのしかかる。

前例がある。一九八八年から一九九二年にかけて、日本企業はこぞって採用数を増やした。「日経ビジネス」が二〇一五年に大企業を対象に実施した調査によると、この「バブル入社組」は全社員の六人に一人に上った。その処遇に困り、人件費負担に耐えかねて、多額の割増退職金を提示してリストラに踏み切るケースも目立つ。体力がある企業はいいが、そうでなければ窮地に追い込まれてしまう。

少なくとも東京オリンピック・パラリンピックが開催される二〇二〇年まで好景気は続くだろう。復興景気が落ち着くまで人手不足が続くという声も多い。しかし、その後はどうなるか。

例えば、テクノロジーの進展によって、かなりの仕事をＡＩやロボットで代替できるようになるかもしれない。現状の人手不足だけを考え、無理に社員を採用しても、やがて過剰人員となる危険がある。当たり前のようだが自社の将来を託すに値する人材を必要な人数だけ採用すべきだろう。

「くず餅」などを製造・販売する船橋屋は総勢二百人ほどの老舗和菓子店だが、新卒採用に一万数千人もの応募者を集める。採用は五人程度だから入社するのは能力とやる気に優れた人材になる。渡辺雅司社長が明確なビジョンを掲げて人材活性化に取り組み、ブランド構築やＳＮＳ活用など工夫を凝らした結果だ。若手社員は自律的に働き、新規事業や組織改革などを提案するなど同社の成長を担っているという。企業規模は関係ない。経営者のビジョンと工夫が問われている。

039 時代の変化に伴うスキル低下

●外部とのオープン連携が必須に

時代の急激な変化と共に多くの仕事の中身が変わる中、既存社員の新しい得意分野をいかに見出し、リカレント教育などを通じて新たな能力を高め、活用していくか。それが企業に問われる。

仕事の内容やノウハウは今後、顧客や競合他社の変化だけでなく、ＩＴやＡＩの進展による商流や知財、地域のボーダーレス化によって急速に変化していく。放っておけば、既存社員の従来の仕事やノウハウが役立たなくなる危険がある。

知財のボーダーレス化とは、例えばプロとアマチュアの境目が不明確になること。インターネットでのつながりによる業務の受発注が容易なため、随所でますます仕事がアウトソーシングされる。既に各種のアウトソーシングにより、多くの仕事が置き換わったり消滅したりしている。単純作業にとどまらず、高度な知的労働においても、フリーのプロフェッショナル人材などに任せる企業も出てきた。地域のボーダーレス化とは、海外との価格差を薄めるための生産・開発拠点の海外移転などを指す。

さらにAIなどを使うことで、本来、人が柔軟に接すべき顧客との応対業務が代替できると予想されている。ヘルプデスクや定形のテレホンマーケティングなどがそれに当たる。ルールが決まっている経理や各種審査などの業務や、仕様書に基づいてプログラムを記述するようなプログラマーの仕事もなくなると指摘する声は多い。

将来の人材活用にあたっては、こうした時代の変化に乗じていく必要がある。例えばベテラン社員に、ボーダーレス化に乗じて、長年手がけてきた仕事の範囲でフリーのプロのような立場になってもらい、大企業から中堅、さらに中小、零細あるいは海外へ、活動の幅を広げてもらう。

本来、ベテラン社員が本領を発揮できる仕事の場としては、ビジネスを創造する場がある。事業創造は簡単ではないが、従来業務の周辺でつくっていく事業なら、ベテランの経験が生きるはずだ。

その際、外部からアイデアや知識を得ることも重要になる。新しいノウハウやスキル、考え方に触れ、社内に取り込んでいくために産官学が連携しスキルなどをお互いが取り込むオープンイノベーションを進め、さらに副業解禁を活用する。副業解禁によって自社社員は外部で新しいスキルを得る可能性がある。逆に外部の副業解禁企業から優秀な人材を受け入れることもできる。

事業創出の場で、社員の隠れている知識やスキルを顕在化させるためには、得意な分野の事業開発に手を挙げてもらうほか、通常業務とは関係ない得意なこと、自社以外で活躍している実態があればそれをサブのプロフィールとして登録しておき、事業開発の際、そのプロフィールを参考にメンバーを構成する。さらにメンバー同士の価値観や事業のミッションを強く意識してもらうことで柔軟なプロフィールの活用が生きる。

ただし今後の事業開発はAIやIT抜きでは語れないケースが増える。AIやITを使いこなせる人材の拡充が必要だが、そうした人材はIT業界でも払底している。ここでもオープンな連携によって手を打ちたいところだ。

AIやITの利用で必要なのは、ベテラン社員のノウハウのうち、今後も使えるものを知識やルールにしてAIやITに移植することだ。例えば、あるベテラン社員がマーケティングの豊富な経験を持っていて、ケースごとに適切な販売促進を実施していたとしたら、彼の経験値を移植できないかを検討する。

040

技術・技能の継承

●日本の匠の技が失われる

「二〇〇七年問題」は今も続いている。こう聞けば、いったい何のことかと思う人も多いだろう。団塊の世代が六十歳を超え、定年退職する年齢になった二〇〇七年前後に、大量の熟練技術者が退職することで、職人技とも称された技術・技能が失われ、製造業の事業運営に大きな支障が出ることが懸念された問題だ。

「うちにはあの人がいるから」と思うような従業員がいる会社にとって、熟練技術者を喪失し、技術・技能が継承できず、会社の強みが失われてしまうという事態は深刻である。

とはいえ、長年かけて取得した技術・技能、カンやコツを若い世代に受け継ぐことは一、二年でできることではない。結局、定年年齢の六十五歳への延長や、定年退職者の再雇用によって、熟練技術者がそのまま働き続けるという、言わば「継承の先延ばし」が行われてきた。

団塊の世代が六十五歳を超える時期に「二〇一二年問題」として再びクローズアップされたが、根本的な解決は行われないままで来ている。団塊の世代が七十歳を超え始めた最近はそれを三たび言及することを避けるかのように、事業承継問題全体の中に埋もれてしまっている。

ある意味で経営者よりも替えのきかない存在が技術・技能を持った熟練技術者である。例えば、北陸のある染色加工会社は、六十五歳に設定していた再雇用の年齢上限を撤廃する方針を二〇一八年一月に明らかにした。熟練技術者にできる限り長く働いてもらい、技術を若い世代に承継するのが目的だ。

技術・技能の継承は、もはや熟練技術者の寿命との勝負といっていい段階に入っている。団塊の世代は七十歳を超え、健康問題によって引退を余儀なくされる人も出てくる。体力や五感の衰えによって、持っている技術・技能そのものも衰えてくる。

技能継承の問題は製造業に限った話ではない。個人経営の飲食店、特に「街の名店」と呼ばれた店が廃業するニュースが増えている。高齢となった料理人が、その技術を受け継ぐ人を得られないまま、体力の限界を感じ、店を閉める。多くの顧客に長年愛された匠の味が失われようとしている。

『中小企業白書 二〇一二』によると、アンケート調査に「技術競争力が低下している」と答えた企業のうち約七割が「技術・技能継承がうまくいっていない」ことを理由に挙げた。技術・技能が継承できなければ、会社の強みが失われるのは明らかだ。

同白書は対策として「熟練技術・技能の標準化・マニュアル化」や「熟練技術・技能の機械化・IT化での代替」が有効だと提言している。多くの町工場が集まる東京・大田区のある企業は職人技の承継を目指し、熟練技術者と若手の希望者がタッグを組み、一緒に仕事をする中で説明や指導の内容をメモに起こし、そこからマニュアルを作成する取り組みを進めている。

これは一朝一夕にでき上がるものではない。技術・技能の承継問題を解決するには、できるだけ早い時期から対策に着手し、計画的に、相応の時間をかけて次世代の技術者を育てていくしかない。

041 高齢化企業

●五十代は会社の力になれるか

日本の総人口は二〇〇五年をピークに減少を続け、今では四人に一人が六十五歳以上の高齢者となった。日本人の平均寿命が伸びる一方で、出生率が低下し続けてきたためだ。

社会全体の高齢化が進むなか、日本企業の従業員の年齢も上昇している。上場企業を見ても、従業員の平均年齢はおよそ四十一歳になり、年々上昇傾向にある。特に最近、その傾向が顕著に見られるのは、一九八八～一九九二年に大量採用されたバブル入社組が五十歳前後に差し掛かっているからだ。しかも一九九三～二〇〇五年にかけて日本企業はバブル崩壊後に新卒採用を抑制したため、年齢構成のバランスが崩れている。

政府は二〇二五年までに厚生年金の支給開始年齢を六十五歳に引き上げる方針を打ち出し、現在の六十歳定年から無年金・無収入となるのを避けるために企業に対して高齢者の継続雇用を促していることから、定年を六十歳から六十五歳以上に延長したり、定年をなくしたりする企業の動きが出始めている。

こうしたことを背景に、従業員の平均年齢がじりじりと上昇する「高齢化企業」が出現している。中には平均年齢が四十五歳以上になった企業も見られ、従業員全体からどう活力を引き出すかなど様々な課題が浮かび上がっている。

従業員の平均年齢が上昇していること自体が悪いわけではない。売り上げと利益が伸びていれば企業として問題はない。その上で従業員全体が「幸せ」でいるかどうかが問われるだろう。定年が延長され、六十歳を過ぎた人々が活躍し生き生きとして働き、会社に貢献できているか。いわゆる現役世代がそのシニア層に刺激を受けて力を発揮できているか。シニア層との信頼関係を結べているか、ということである。

高齢化企業の大きな課題の一つとして、現役世代の昇給が抑制される事態が指摘される。定年延長した従業員の人件費を確保するためだ。それにより昇給のピークが五十歳前後から四十代へと早まり、昇給幅も小さくなる恐れがある。経営側にしてみれば、シニア層の経験や知識、技能を生かし、会社の強みを維持するということなのだが、現役世代にとっては定年延長でシニア層が増え、自分たちが損するという気持ちになりかねない。そうなればシニアと現役の世代間ギャップが大きな不満として社内に蓄積される。

一方、シニア層の再教育が必要な場合も少なくない。前述の通り、デジタル化がますます進展し、会社を取り巻く環境と事業内容は猛スピードで変化していく。最新テクノロジーに対応できるスキルをトレーニングや社内異動によって手当てしていくことは大きな課題の一つと言える。

ドイツの自動車メーカーＢＭＷは、二〇一〇年に二十パーセントほどだった五十歳以上の従業員が二〇二〇年には四十パーセントに達するという。世界の自動車メーカーの中で屈指の利益率を誇る同社は、年齢が高い従業員が働きやすい作業環境を整備するなどして国際競争力を磨いている。

「オッサンも変わる。ニッポンも変わる」というキャッチフレーズとモノトーンの募集広告ムービーで二〇一七年に話題呼んだのは「第四新卒採用」を打ち出した森下仁丹だ。四十、五十代の幹部候補を採用するため、年齢・性別は不問で募集し、従業員数二百九十人強の同社に二千人以上が応募した。これには駒村純一社長の人材不足に対する強い危機感があった。四十、五十代の幹部候補には、新卒をはじめ若手社員に対する指導役を期待している。

駒村社長自身が五十二歳の時に三菱商事から森下仁丹に転職し、赤字三十億円という医薬品・健康食品メーカーの老舗を倒産危機から三年でＶ字回復させた成功者だった。自らの姿を「第四新卒採用」に重ねたのだろう。生きのいい若手と元気な五十代が共に幸せに働ける環境があれば日本企業はもっと輝けるかもしれない。

042 外国人の労働災害

●減らない発生率

日本で働く外国人労働者の数が二〇一七年十月末の段階で、過去最高の約百二十八万人にのぼった。外国人労働者の増加に伴い、外国人の労働災害の件数も増え続けている。日本全体での労働災害は減少傾向にあるにも関わらず、外国人労働者に限ると、労働災害の発生率は減少する気配がない。

厚生労働省の『平成二八年労働災害発生状況の分析』によれば、二〇一六年の外国人労働者数は百八万三千七百六十九人、休業四日以上の死傷者数は二千二百十一人で、発生率は一万人当たり二十人だった。二〇一〇年の外国人労働者数は六十四万九千九百八十二人、そのうち休業四日以上の死傷者数は千二百六十五人、発生率は一万人当たり十九人だったから、ほぼ横ばい状態と言える。

外国人労働者の中でも、技能実習生は就ける職種が限られ、危険な作業を伴う職場で働く割合が相対的に高い。

厚生労働省のまとめによると、労災による死亡と認定された技能実習生の数は二〇一四年度から二〇一六年度の三年間で二十二人。三年間の労災死を単純に計算すると十万人当たり三・

七人となり、これは日本全体の労災死の発生率を大きく上回っている。日本全体での労災死は二〇一四年から二〇一六年の三年間で二千九百五十七人だ。集計の仕方に年度と通年の違いはあるが、日本全体の三年間の労災死は十万人当たり一・七人となる。

外国人の労働災害が増えていることを踏まえて厚生労働省は二〇一七年六月、技能実習生に関する安全総点検運動への協力を関係団体に呼びかけた。

近年の人手不足問題を背景として、「若くて賃金の安い」外国人労働者を求める声が産業界で強まっている。技能実習生のように就労期間の限られた外国人労働者を受け入れ続けることで人手不足を埋め合わせている企業があることも事実だ。「技能の国際移転」という本来の目的を満たしている限り、企業が技能実習生を大いに活用することになんら問題はないだろう。

しかし、外国人労働者を雇用すれば会社の経費を切り詰められるというものではない。外国人を雇用すれば、日本人を雇用する場合以上に、安全教育の徹底や社内コミュニケーションの円滑化の取り組みなどで企業の雇用管理の業務量が増大する。例えば、使用する機械や安全設備や防護具の取り扱い方法について、母国語の説明書を用意するといったことが必要になる。

また、外国人労働者が労災防止のための指示や事業場内の標識をきちんと理解できるように、日本語教育を実施し、事業場の標識や掲示を分かりやすく作り変える、といったことも求められる。

残念なことに、外国人労働者に対する雇用者側の基本的な安全配慮義務が行き届いていないケースが数多く指摘されている。技能実習生を雇用する五千六百七十二事業場に対して全国の労働局や労働基準監督署が行った二〇一七年の監督指導のうち、千九十七事業場（十九・三％）で「安全基準」に関する法令違反が認められた。これは「労働時間」に関する法令違反の千三百四十八事業場（二十三・八％）に次ぐ多さだ。

具体的には、「技能実習生が使用する撹拌用ミキサーの巻き込まれ防止用のカバーが外れたままにされていた」、「無資格の技能実習生に重機を運転させ、その重機に轢かれた労働者が下半身に重傷を負った」などの事例が報告されている。

東京労災病院整形外科の藤井裕士氏らは、外国人の労働災害を調査した論文の中で、「安全措置が不十分な職場環境であることや、言葉の問題のため安全教育およびその理解が不十分であることが労働災害に結び付いている」と述べている（『労働災害により入院加療を行った外国人労働者に関する調査』）。

無資格の労働者に重機などを運転させるのは論外としても、安全に働くための現場の知恵は「吊り荷の下に近づくな」のように、必ずしも文書化されていないものもある。現場で働く日本人労働者たちにとっては当たり前の習慣で、改めて言うまでもないようなこともあるだろう。

こうしたことを考えると、これまで労働災害を起こさなかった優良な事業者であっても、外国人労働者への安全指導を現場任せにするのは禁物だ。会社の経営層の責任で「安全に働くための規則」を改めて洗い出し、必要な措置を講じ、外国人労働者への安全指導を徹底させるしかない。

043 機械による業種消滅

●ある日突然、常識が通用しなくなる

巷ではＡＩにＩｏＴ、ＲＰＡ（ソフトウエアロボットによる業務自動化）といった流行語が飛び交い、時代を変える一大技術のように紹介される。このような喧伝がすべて真実ということではないが、特定の作業や業務が、カメラやセンサーといったハードウエアや情報認識と画像解析のソフトウエアによって、ある日突然、取って代わられることは確かにある。

例えば、倉庫業では機械による自動化が急速に進んでいる。この流れが進めば、通販事業者の出荷業務を代替する作業などは大幅な縮小となるだろう。そうした業種そのものが消滅しかねない。大企業や通販が主力の企業から、倉庫業務を請け負っている企業にとっては存亡の危機だ。これに限らず、人手の確保に長けていることを強みに仕事を受注してきた企業は業種消滅の危機と隣り合わせの状態と言える。

業種消滅といっても新しい事態ではなく、これまでにもあった事態が、より広範囲に高速で広がっているだけだ。過去にも安価な海外労働力と膨大な市場にひきつけられ、多くの工場が海外に移転した。その際にも工場に頼ってきた多くの中小企業は同様の困難に直面し、対策として海外に出ていきにくい業種にシフトしてきた。それらが倉庫業やサービス業など、日本国

内で人手を要するとみなされてきた業種だった。

そうした業種が今度は機械やシステムにとって代わられようとしている。ベンチャー企業は人件費率が高い業種に狙いをつけ、一気に代替するべく進出してくる。一度侵入を許すと、大手から仕事を請け負う企業、大手に人を派遣している企業がまず業種消滅の危機にさらされるだろう。その次が労働集約型のビジネスを展開している企業だ。機械化・自動化のコストが下がり、代替できる作業が増えていくと、労働集約型企業のコスト構造は悪化する。

これまでも、ある業界の基盤となる商習慣がＩＴによって効率化されることで、利用者にとって便利なサービスが提供され、商売主にとってコストが改善されてきた。その陰にはＩＴによる効率化によって存在感を失った古参企業がいた。

今、コンビニに無人店舗が登場した。十年もしないうちにコンビニ店員という職種は消滅するかもしれない。コールセンターもＡＩチャットボットと呼ばれる自動応答システムの導入で顧客満足度の向上とコスト削減の両立を志向している。現状の人海戦術から置き換えられる水準に技術が達した瞬間、あっという間に広がる。その時までに対応できていなければ手遅れだ。

044 ワーク・ライフ・コンフリクト

●社員の意欲を低下させる心のモヤモヤ

「日本は熱意あふれる社員の割合が六パーセントしかおらず、調査した百三十九カ国中百三十二位と最下位クラスだった」。二〇一七年五月二六日付けの日経電子版に掲載された米ギャラップ社の従業員のエンゲージメント（仕事への熱意度）調査の結果は日本の多くの経営者に衝撃を与えた。「熱意あふれる社員」が六パーセントしかいない一方で、企業内に諸問題を生む「周囲に不満をまき散らす無気力な社員」は二十四パーセント、「やる気のない社員」は七〇パーセントに達した。会社に高い帰属意識を持ち、勤勉に働いて、「会社人間」と称された日本の社員像はこの調査結果の中にはいない。

記事の中でギャラップのジム・クリフトン会長は「日本で一九六〇～一九八〇年代に有効だったコマンド&コントロール（指令と管理）がミレニアル世代には効かなくなっている」というコメントを寄せている。

高度成長を支えた昭和世代とは違うタイプの新たなミレニアル世代（一九八〇～二〇〇〇年頃生まれ）が台頭し、組織マネジメントの手法の転換が求められている。昭和世代とミレニアル世代の違いのひとつは「専業主婦」がいるかどうかだ。

高度経済成長期では「男性は仕事、女性は家庭」という性別役割分業意識が強かった。当時、女性は働いていても結婚すれば退職するのが当たり前で、男性は専業主婦に家事・育児・介護など私的なことを全部任せ、仕事に邁進できた。いくらでも残業ができ、突発的な仕事にもすぐ対応できた。

今は違う。共働き世帯は千百二十九万を数え、片働き世帯よりも四百六十五万世帯も多い（二〇一六年、内閣府調べ）。二〇一四年の連合による調査では、二十代男性の育児休業取得意向は八割に近い。共働きで家事や育児を担う、いや担いたいと思う若い男性が増えてきている。

一方、中高年には老親の介護と仕事をどう両立するかという問題が迫っている。年間の介護離職者は約十万人である。日本は二〇二五年に高齢化率三十パーセントを超える超高齢国家となる。今後、何の心配事もなく仕事に専念できる層は確実に少なくなる。みんな何らかの時間的制約を抱えながら働くことになる。

ここで組織にとって課題となるのが「ワーク・ライフ・コンフリクト」である。中央大学ビジネススクール佐藤博樹教授は今野浩一郎氏との共著『人事管理入門』で次のように説明する。「働く人々が会社や上司から期待されている仕事上の責任を果たそうとすると、仕事以外の生活でやりたいことや、やらなければならないことに取り組めなくなる」

そうなることにより生じる葛藤、心のもやもやがワーク・ライフ・コンフリクトである。家事・育児・介護などの「やらなければいけないこと」だけではなく、趣味やボランティアや社会人大学院の学びなど「やりたいこと」も実現できないと生じることになる。

時間制約がなく仕事に没頭できた昭和世代にワーク・ライフ・コンフリクトは生じなかった。私生活において、やらなければいけないことも、やりたいこともなかっただろうから。しかし、今や、前述したように時間制約のある人が増え、働く人のライフスタイルや関心事も大きく変化している。にもかかわらず、日本の労働慣行は昭和の時代とさほど変わっていない。いまだに専業主婦のいる片働きの男性を標準としてマネジメントされている。日本は長時間労働の国である。日本人の一人当たりの平均年間総実労働時間は千七百三十四時間（二〇一五年）で欧州各国と比較すると三百時間ほど長い。長時間働くことが美徳とされ、評価する傾向も根強い。

私生活でやりたいこと、やらなければいけないことがあるのに、長時間労働でそれが実現できない。逆に、仕事を一生懸命やろうとすると、私生活でやりたいことができない。「リア充も仕事も両方ほしい」ミレニアル世代の心を理解できない。彼らは時間制約のない管理職のコマンド&コントロールにうんざりしており、それが不満や意欲低下につながる。このような構図が冒頭のギャラップ社の数字とともに浮かんでくる。

かつてワーク・ライフ・コンフリクトに悩んでいたのは、育児と仕事の両立に苦労していた育児期の女性社員だったかもしれない。彼女たちは少数派だった。しかし、今日ではそれに直面している、または苦労しそうな社員のほうが組織の多数派である。そのことを経営者は理解しなくてはいけない。

ワーク・ライフ・コンフリクト状態にある社員は、生活の質が低下するだけでなく、仕事に意欲的に取り組めないなど、仕事にもマイナスの影響が出ていることが様々な調査で明らかになっている。この状態が長く続くと離職にもつながる。組織の人材の定着にも悪い影響が出てくる。佐藤教授は「企業の人材活用において、社員のワーク・ライフ・バランスを支援し、ワーク・ライフ・コンフリクトを解消することが課題になる」と指摘する。

045 心不全パンデミック

●冬に急増、救急医療が限界に

人財の健康に関するリスクをいくつか挙げておこう。パンデミックとは、インフルエンザなどの感染症が、急速に広がり、広範に多地域で拡大する世界的な流行状況を指す医学分野の言葉だ。本来は、ウイルスや細菌を原因とした感染症にかかわる病気の大流行を指すが、世界人口の高齢化の中で、高齢者に起こりやすい心不全もまた、感染症のように一斉に急増して救急医療をパンクさせるおそれが出てきている。これを「心不全パンデミック」という。

二〇二〇年代から二〇三〇年代の冬季のある時期に心不全患者が、あたかも流行病のように急増する「心不全パンデミック」が予想されている。二〇一八年時点で百万人規模とされる我が国の慢性心不全患者は、二〇二五年に百二十万人を超える見込みだ。

心不全とは、心臓の収縮能力や拡張能力が低下して、重症のむくみ、呼吸困難、動けない、内臓血液が巡らないなどの症状が起こる病的な状態のこと。日本循環器学会と日本心不全学会は心不全の定義を「心臓が悪いために、息切れやむくみが起こり、だんだん悪くなり、生命を縮める病気」としている。

全身の筋肉は加齢とともに収縮する力と柔軟性を失うが、心筋も同様で、血液を送り出す力が下がり、動くと息切れする、脚がむくむなどの初期症状がおこる。軽症のときは気づかない人も多いが、悪化すると動けない、呼吸が困難になるなどの症状が急速に出て生命にかかわる。当然、救急搬送や緊急処置が必要になる。

心不全は年齢とともに有病率や発症率が高まる。二〇〇四年に報告された研究データでは、心不全の有病率(男性)は六十歳代後半で千人中十人程度。七十歳代後半で千人中二十人を超え、八十歳代前半では千人中四十人以上に急増し、八十歳代後半から九十歳代では千人中五十人から六十人に達する。加えて季節性もある。インフルエンザや肺炎などに併発し、心不全も急に悪化するので、冬は夏の二倍以上の初発患者が出現して救急搬送されている。しかも心不全は繰り返す。多い場合には十回以上の入退院を繰り返しながら悪化していく。呼吸管理や機械による補助循環などで、二十日程度の入院期間に医療費として百万円がかかるというデータもある。「心不全パンデミック」は救急医療の病床を占拠してしまうだけでなく、医療費も拡大させてしまう。

心不全パンデミックを防ぐために現在、注目されているのが、ステージAからB、C、Dへと段階的に進んでゆき、治療がどんどん高度になる心不全を、当初のまだ症状の出ていないステージAで見つけ、「隠れ心不全」のうちから治療や生活改善の指導をすることだ。血液検査で「脳性ナトリウム利尿ペプチド」（BNP）などを調べるだけで、隠れ心不全がわかるようになっている。

生活改善で指導するのはまず減塩である。日本の食生活に多いパターンだが、塩分の摂取が多いと心不全を起こしやすくなる。塩分のために循環する血液量が多くなり、心臓に負荷がかかるからだ。減塩をした上で、心臓の負荷を低くするタイプの降圧薬などを選んで処方する。また、冠動脈の狭窄や糖尿病など、合併していて治療を複雑にしている因子を早めに治療していく。

このようにセオリーははっきりしているのだが、医療機関で「隠れ心不全」の段階から手を打つことがスムーズに行われてはいない。ステージAの隠れ心不全を診察しているのは一般のクリニックなどの医師らで、まだBNPなどの検査は広がっていない。第一線の診療現場と、重症化した心不全を診療している循環器専門医が常駐する総合病院との情報や診療の連携が必要とされている。

046

殺人病の感染拡大

●致死率が高いウイルスが出現

厄介な感染症の拡大が懸念されている。典型例をいくつか挙げておこう。

抗菌薬の不適切な使用を背景とした、薬剤耐性菌の増加が世界的な問題になっている。中でも、米疾病対策センター（CDC）が「悪夢の細菌」と呼ぶカルバペネム耐性腸内細菌科細菌（CRE）の感染は米国で年間約九千例（死亡は六百例）の報告がある。従来の抗菌薬がほぼ効かないため、感染の結果敗血症を起こした例では致死率が四十〜五十パーセントと高いことが報告されている。

二〇一七年、中国で鳥インフルエンザA（H7N9）ウイルスのヒト感染例がみつかっている。致死率は高く、哺乳類への適応力を獲得しつつあるウイルスも出てきている。ヒト同士の感染はまだないが専門家は注意深い監視が必要だと指摘している。

また、国境を越える移動の日常化と地球温暖化によって、従来は日本で見られなかった外来感染症が増えている。中でも蚊が媒介するマラリアやジカ熱は、感染した場合に生命への危険が及びかねず脅威となっている。

一方、二〇一七年、梅毒感染者数の報告が年間五千人を超えた。二〇一二年まで十年以上も千人未満の年が続いていたから、ここ数年で激増している。梅毒の激増はエイズをはじめとする他の性感染症の増加とも関連が強いとみられており、性感染症の大規模な流行につながる恐れがある。

第五章筆者名一覧

日経BP総研 フェロー
麓幸子

日経BP総研　中堅・中小企業ラボ
伊藤暢人
田中和之
田中淳一郎
菅野武
加古川群司
神農将史

日経BP総研　ビジョナリー経営ラボ
長坂邦宏

日経BP総研　メディカル・ヘルスラボ
藤井省吾

第六章

自動運転のリスク

デジタル化・サービス化が産業を再定義

047

新車販売不振

●配車アプリと自動運転が共用を加速

現在の自動車産業は売り上げの大半を新車販売から得ている。しかし、この新車販売頼みのビジネスモデルが今後も続くとは限らない。新車販売が減る変化を加速する要因が二つある。一つは乗りたいときに車がやってくる、いわゆるオンデマンド配車を実現する配車プラットフォームの台頭。もう一つは自動運転技術、中でも運転手を必要としない完全自動運転技術の登場である。二つは絡み合いながら、自動車という製品だけではなく、自動車産業そのものを、さらに関連する産業まで再定義していく。

配車プラットフォームとは、ライドシェアサービスなどオンデマンド配車型のモビリティサービスを支える仕組みの総称で、ほぼすべての機能がITで実現される。まず、利用者の配車依頼を利用者のスマートフォンのアプリ経由で受け付ける機能がある。利用者からは配車アプリとして見える。

次に配車プラットフォームは、街中を走っている空車の中から適切なクルマを選んで利用者に提案し、利用者が許諾したら該当する空車に利用者が待つ場所へ向かうように指示する。ここまでが中核の機能である。

さらに利用者に対して目的地までの移動料金を見積もって提案し、移動後に事前登録されていたクレジットカードで決済を受け付ける機能も備える。利用者と運転手の双方にお互いを評価させる機能もあり、次回以降、利用者が評価の高い運転手を選んだり、運転手が利用者を選んだり、といったことができる。

配車プラットフォームの登場によって、利用者は割安な料金で手軽にクルマを呼びだせるようになっただけでなく、評価の高い運転手を選べ、料金支払いの面倒から解放された。こうしたオンデマンド配車サービスならではの利便性は今後のモビリティサービスにおいて標準的なサービス水準となるだろう。

ここに自動運転技術が加わる。運転手不要の自動運転車、いわゆる「ロボタクシー」でモビリティサービスを提供できるようになるなら、これまでサービス提供のボトルネックだった運転手の労働負荷と賃金を考える必要がなくなる。賃金の支払いが無くなる上に、効率的な配車によってクルマの稼働率を大幅に高められるので、生産性は劇的に高まり、料金を値下げしてもなお利益の拡大が望める。

配車プラットフォームとドライバーレスの組み合わせは、オンデマンド配車サービスの魅力をさらに高める動きにつながる。普段は自家用車として使われているドライバーレスの自動運転車を、所有者が使っていないときにモビリティサービス事業者に貸し出すというものだ。独フォルクスワーゲンと独ダイムラーはそれぞれ、ドライバーレスの自動運転車のコンセプトモデル「セドリック」を発表した際に、所有者が使わないときはオンデマンド配車事業者に貸し出すことを提案した。米テスラも将来事業としてテスラの顧客が自分の車をオンデマンド配車事業者に貸し出す構想や、テスラ自身がクルマを借り受けてモビリティサービスを展開する構想を明らかにしている。

モビリティサービス事業者からすると、自家用のドライバーレス自動運転車をサービス車両として使えるなら、サービス提供車両の品揃えを広げ、しかも車両の調達コストを安く抑えられる。宿泊ビジネスにおいて民家をシェアする「民泊」が多くの人々に受け入れられていることを考えると、自分のクルマを貸し出して収入を得たい、他人のクルマを呼び出して好きなクルマを割安に使いたい、と考える人は多いだろう。

このように配車プラットフォームとドライバーレスの自動運転車は、クルマのシェア利用を加速し、自動運転車の稼働率を大幅に引き上げる。社会全体としてのクルマの利用需要に変化がないなら、稼働率が上がる分、街中に存在する総車両数は少なくて済む。つまり新車の販売台数は減少するのである。

048 保険商品不要

●データに基づく新商品の開発も

完全自動運転車は普及するに従って、関連する他の産業まで変えていく。大きな影響を受ける一つとして保険業が挙げられる。損害保険全体の保険料収入のうち、自動車保険のそれはほぼ半分を占め、二〇一七年度で約四兆七百億円にも上る巨大市場である。しかし、自動運転の時代になれば、自動車事故の件数は激減し、市場規模は大幅に縮小することは必至だ。交通事故の九割以上は、人間の認知、判断、操作のミスから生じており、こうした人に由来するミスがすべて無くなれば九割以上の事故を減らせる。実際、保険業界も自動運転による従来市場の縮小を覚悟しつつある。

とはいえ、保険がまったく不要になってしまうわけではない。自動運転車といえども事故を完全にゼロにすることはできないからだ。自動運転車が実用化されても、しばらくの間は人間が運転するクルマとの混合交通の時代が続くから、人間のミスによる巻き込まれる事故は当然考えられるし、クルマの自動回避能力を超える速度で反対車線からクルマがはみ出してきたり、歩行者や自転車が急に飛び出してきたりする場合、衝突は防げない。土砂崩れや道路の陥没など、自然災害に起因した事故の発生もあるだろう。自動運転システムの欠陥や故障もありえるし、まったく想定していない事象に遭遇したために事故が発生する確率もゼロではない。自動運転車においても避けえない保障のために、今後も自動車保険市場がゼロになることはないだろう。

それでも保険の形態は現在とは大きく変わる公算が強い。自動運転車の場合、周囲を常に監視するカメラを備えており、そのときの自車両の速度やブレーキをかけたタイミングまでコンピュータに記録するため、事故の状況が詳細に把握できるようになる。こうした情報を一定の期間、蓄積することにより、自動運転車の事故発生確率や補償額をかなり精密に予測できるはずだ。

自動運転時代に事故情報を最も詳細に蓄積できるのは、ネットワークを含めた自動運転システムを運用する企業である。自動運転システムの運用企業としては、完成車メーカー、完成車メーカーから委託を受けたＩＴ系の企業、完成車メーカーから独立したシステムを運用するＩＴ系企業などが考えられるが、いずれにしても、事故の詳細な記録自体が貴重なデータなので、そう簡単に外部の企業に提供することはないだろう。だとすれば、既存の保険会社と自動運転システムの運用会社が共同出資で新たな保険会社を設立する、これが可能性の高いシナリオになる。

ただし、この仕組みだけでは十分ではない。運用会社が提示した賠償額に不服がある場合、自動運転車同士が事故を起こした場合の責任分担、無人タクシーの利用者が危険な行為をした場合など、運用会社だけの対応では不十分なケースも出てくる。このために、事故の責任分担や、賠償額が適正かどうかなどを判断するための第三者機関が必要になる。こうした機関に対して、無人タクシーの運用会社も詳細なデータを提供する義務を負うことになる。

完全自動運転の時代を待たずに、保険の形は徐々に変容しつつある。すでに東京海上日動火災は、自動ブレーキなどの運転支援システムが動作中に起こった事故で、それが運転者の責任なのか、システムの誤動作なのか、といった責任の所在が曖昧な段階でも被害者を救済する特約を商品化している。同社が先鞭をつけたこうした動きが保険業全体に広がりつつある。今後は、通信データを利用して車両の運転状況を把握し、優良ドライバーには保険料を割り引く「コネクテッド・カー保険」の普及も進んでいく。通信機能を単に保険料率の算定だけに使うのではなく、エアバッグが作動したことを検知すると自動的に緊急通報をするサービス、安全運転を促すコンサルティング、車両盗難時の追跡サービスの提供などが行われるようになるだろう。

049 使用材料の変化

●強度は不変だが軽量化が進む

自動運転が普及するとクルマが衝突しなくなるのだから車体を現在ほど頑丈に造らなくてもいいのではないか、という意見がある。大艦巨砲主義の時代の戦艦は分厚い装甲を必要としたが、高度なレーダーシステムが勝負を決めるイージス艦の時代になると分厚い装甲は不要になった。それと同様の変化がクルマにも起こり、ひいては車体に使っている鉄鋼材料の需要にも影響を及ぼすのではないか、というわけだ。

実際には、人の運転するクルマと自動運転車が同じ道路上を走っている限り、事故の危険性はゼロではないのだから、車体の強度を落とすことはできない。そして、人が運転するクルマが将来、道路上から無くなるかどうか、現時点では見通せない。たとえ道路上を走るのが自動運転車だけになったとしても前述した通り、システムの欠陥や故障、整備不良に伴う事故、天変地異に伴う事故は防げない。

さらに言えば、現在の車体の強度は衝突安全性だけで決まっているわけではない。車体の剛性を高めることは、乗っている利用者にとっての安心感や良好な乗り心地の実現にもつながる。自分で運転しない自動運転車においても、車体の剛性は一定程度必要だろう。だとすれば、たとえ完全自動運転が実現したとしても、それで車体強度を大きく落としていいということにはならない。

ただし、クルマの自動運転化が進むと、車体の軽量化を求めて使用材料に大きな変化が起こる可能性がある。具体的には、車体を構成する部品に占める樹脂やCFRP（炭素繊維強化樹脂）の比率が高まり、アルミニウム合金の使用も増える。一言で表現すれば、軽量化のために適材適所の「マルチマテリアル化」が進み、使用する材料は多様化するだろう。

軽量化が期待されるのは燃料費（電気自動車の場合は電気代）などのランニングコストを下げるためだ。自動運転技術を使った無人タクシーとして使われるクルマが増加すると、自家用車よりも稼働率が高まり、年間の走行距離が自家用車よりも大幅に伸び、クルマ利用の総コストに占める燃料費の割合も増える。

購入費よりも燃料費を重視するようになると、それまでコスト高で使いにくかった樹脂製外板やウインドーガラスの樹脂化が進んでいく。さらに、構造部材の一部はＣＦＲＰへの置き換えが進むだろう。

これまでＣＦＲＰ部品の製造には手作りに近い手法が使われることが多かったが、これに代わって、より生産性の高い製造法に転換していく。その課程で、これまでの熱で硬化させるタイプの樹脂に代わって、加熱すると柔らかくなるタイプの、より生産性の高い樹脂を使ったＣＦＲＰが多く使われるようになる。

強度が求められるシャシーにはアルミ合金の押出材が使われる一方で、アッパーボディの骨格に高強度で軽量なＣＦＲＰの使用が、外板部分には樹脂製パネルが多用されていく。ＧＦＲＰや樹脂部品は、鋼製のプレス部品に比べて、高価なプレス金型や大規模なプレス成形設備をそれほど使わずに済むため、多品種少量生産に向く。少量生産の車体部品の製造には三次元プリンターが使われる例も増えるだろう。

このような樹脂とＣＦＲＰの使用が拡大するのは軽量化に加え、多様な車両を求めるニーズがあるからだ。無人タクシーのような車両では、利用される地域に合わせた車種が求められるため、プラットフォームは共通にして、その上にかぶせるアッパーボディを変え、多様な車種を作り出す手法がとらえるだろう。現在のようにプラットフォームとアッパーボディを溶接で一体化した構造ではなく、シャシーとその上にかぶせるアッパーボディを分離する構造を持ったクルマが増えるはずだ。

050

駐車場の余剰

●無人タクシーがカラオケボックスに

完全自動運転が実現し、都市部で多くの人が自動運転技術を使った「無人タクシー」を利用するようになれば、駐車場ビジネスが大きな影響を受ける。一台のクルマの稼働率が上がり、駐車場で待機するクルマの数は減るからだ。

無人タクシーは自家用車に比べ、いつでもどこでもクルマを呼び出して使える、所有するより安上がり、目的に応じた車種を選べる、など多くのメリットがあるため、特に都市部ではクルマの保有を止めて無人タクシーの利用に切り替える人がかなり出てくると予想される。

無人タクシーが常時走り回るようになると、街なかにおける駐車場の需要は大幅に減る。専用の駐車場はほぼ不要になり、路上駐車程度でこと足りるということになるかもしれない。自宅の駐車場スペースも不要となり、ショッピングモールなどでも現在のような広大な駐車スペースは余るだろう。そうなれば、店舗設計も大きく変わり、土地を現在以上に有効活用できるようになる。

では、駐車場ビジネスは消滅してしまうのだろうか。答えは否である。例えば駐車場事業を手がけるタイムズ24が、運営する駐車場を利用してカーシェアリング事業に乗り出している。同じように駐車場事業を営む企業が自社の保有する駐車場を利用して無人タクシー事業に乗り出したとしても不思議ではない。駐車場を保有している強みは無人タクシーの充電ステーションとして活用できることだ。

無人タクシーにおいては、特に都市部における一回の走行距離がそれほど長くない使われ方の場合、ガソリンよりも燃料代が低くて済む電気自動車が主流になると考えられる。そして充電方式はプラグの接続などが不要な非接触充電になるだろう。非接触充電とは、地面に埋め込んだ送電コイルから、電気自動車の床面に取り付けた受電コイルへ、電極同士を接触させることなく電力を送り込む技術だ。地面側の送電コイルと、車体側の受電コイルの位置を合わせるだけで充電できるので、無人の車両と相性がいい。

無人タクシーを都市部で運用するには、こうした充電ステーションを都市内の各所に配置する必要があり、すでに様々な場所で駐車場を運営する企業は充電インフラを構築するのに適したポジションにいる。

駐車場を利用した新しいビジネスの可能性もある。ヒントになるのはスマートフォンの使われ方だ。スマートフォンはもともと携帯電話から発展した製品だが、いまや本来の機能である通話にスマートフォンを使う頻度は低い。電子メール、ネット閲覧、ゲーム、LINEなど

ＳＮＳ（ソーシャルネットワーキングサービス）、カメラ、音楽再生など、通話以外の用途に使っている時間のほうが圧倒的に長い利用者が大半だろう。

同様に、近未来の無人タクシーは、もともとは移動のための手段だったはずが、次第に移動以外の目的に使われることが多くなる可能性がある。無人タクシーは、移動中の利用者に映像や音楽、ゲームなどのエンタテインメントや、インターネット接続環境などを提供するようになる。こうした機能は走っていても、走っていなくても提供できる。駐車場に停まっている無人タクシーを動画や音楽を楽しむためだけに利用する人も出てくるだろう。「カラオケボックス」としての使い方もあるかもしれない。

あるいは駐車場に停まっている無人タクシーを外部から隔離された空間として、仕事のために利用する「ノマドワーカー」が出てくるかもしれない。仮眠を取るスペースとして利用する人も出てくるだろう。無人タクシーが様々な目的のための「ハコ」になると、駐車場を運営してきた企業が無人タクシー車両を多数所有し、様々なサービスビジネスを展開する企業に変身して発展できる可能性がある。

051 自動運転車の送迎渋滞

●都市部で送迎スペースが重要に

自動運転車の登場によって多くの社会問題を解決できる可能性がある。解決が期待されている問題の一つに交通渋滞がある。

期待されているのは高速道路における渋滞の解消である。高速道路における渋滞の発生メカニズムはかねてより研究されており、道路運営事業者などが研究成果を報告している。代表的な発生メカニズムとして緩い上り勾配における非効率なブレーキ操作がある。緩い上り勾配で運転手は道路が上りであることを認識できず、結果として速度が低下してしまう。前方を走行しているクルマの速度が低下し、車間距離が急速に短くなるため、車間距離を取るために後ろの運転手はブレーキを踏む。これが渋滞の始まりである。この後、後続の車も前のクルマのブレーキ操作に反応して次々とブレーキを踏み、渋滞が拡大する。

これに対し、多くのクルマが自動運転機能を備えるようになれば、前方車両との車間距離を常時検知し、適切な車間距離を取りながら自動的に速度を調整するから、渋滞の発生を防いだり、その拡大を穏やかにしたりできる。また、複数の大型トラックが一定間隔を保ちながら巡航速度で走行する、隊列走行の機能も自動運転開発の主要テーマとなっており、多くのトラックがこの機能を装備し、活用するようになれば、渋滞解消につながる可能性がある。

高速道路においては期待できるのだが、その一方で、都市における現状の渋滞を緩和できるかどうかは見えていない。都市部の交通環境は多数の信号と交差点で構成されているため、そもそも巡航速度で走行できる時間は極めて短い。発進と停止の繰り返しが避けられないため、クルマの数が多くなればどうしても渋滞が発生し、拡大する。

将来、スマートフォンアプリで自動運転車を呼び出すことが一般的になれば、これまで以上にクルマの利用が広がる。通勤・通学において地下鉄や電車を使うとしても、家と最寄り駅の区間をクルマで送迎することが当たり前になる。そうなれば、通勤・通学時間の朝と夕方には、駅前に多数の送迎自動運転車が列をなして並ぶだろう。駅以外にも、病院、塾、コンサート会場、野球場、サッカースタジアムなど、多くの人が集まる場所は沢山あり、人々は移動のためのクルマを呼び出したくなる。街中を走るクルマの数が確実に今より多くなり、今以上の渋滞が頻発する危険がある。

今でもスマホで車を呼び出せるライドシェアサービスやオンデマンド配車サービスを利用する際に、呼び出す場所が問題になりつつある。アジアの大都市ではオンデマンド配車サービスの利用が急速に広がっているが、空港やホテルが用意したオンデマンド配車サービス向けの乗降場所にはたくさんのクルマが並んでいる。

今後、ドライバーレスの自動運転車はタクシーとしてだけでなく、マイカーとしても登場してくる。これらもスマホで呼び出せるようになれば、バスや電車を使っていた区間だけでなく、徒歩で移動していた区間を移動するときもクルマを呼び出すのが当たり前になり、社会全体のクルマによる移動需要はますます増える。したがって、駐車場以上に送迎スペースが重要になりそうだ。

052 メガサプライヤー台頭

●サービス会社を狙い、完成車メーカーと競う

自動運転技術の普及に伴って、自動車産業の構造は大きな変化を余儀なくされるだろう。注目されているのは、メガサプライヤーと呼ばれる大手自動車部品メーカーである。メガサプライヤーが力を増し、完成車メーカーと立場が逆転するのではないか、という指摘がある。つまりメガサプライヤーが車をほとんど作ってしまい、完成車メーカーは最後の味付けだけをする、という役割分担になるという見方だ。このシナリオを検討してみよう。

まずメガサプライヤーの顔ぶれである。米オートモーティブ・ニュース誌による世界サプライヤーランキング（二〇一五年）によれば、世界の自動車部品メーカーの売上上位五社は、一位ドイツ・ボッシュ、二位日本・デンソー、三位カナダ・マグナ・インターナショナル、四位ドイツ・コンチネンタル、五位ドイツ・ZFとなっている。

五社はいずれも自動運転の頭脳である半導体から、センサー、電動化に対応するためのモーター、インバーター、バッテリーなどの基幹部品を自社で揃え、足りない部分は同業他社やベンチャー企業の買収、他社との合弁企業設立などで補っている。これにより、自動運転や電動パワートレーンの基幹部品をシステムに仕上げて供給する体制を整えつつある。

メガサプライヤー各社がシステム開発に力を入れるのは、多くの完成車メーカーが自動運転技術のすべてを自社開発することが不可能になりつつあるからだ。実際、規模の小さい完成車メーカーは自動運転システムや電動パワートレーンを自社開発することを考えていない。メガサプライヤーから自動運転システムを購入し、自社製品向けに味付けして商品化するという完成車メーカーが増えるだろう。

ただし、自動車メーカーが完成車の構成部品の多くを部品メーカーに製造してもらうことはいまに始まった話ではない。洋の内外を問わず、完成車を構成する部品の総コストのうち、七割を占める部品を外部の部品メーカーから購入していると言われる。つまりこれまでも完成車メーカーは完成車両のかなりの部分の製造を外部企業に依存しているのであり、自動運転車の時代になってもそれが続くだけだという見方もできる。自動運転システムの開発を自社で手がける大手完成車メーカーでも、システムを構成するセンサーや高性能半導体は外部から購入しているケースがほとんどで、すべてを自社で開発している自動車メーカーはない。

それでは、完成車メーカーと部品メーカーの関係は自動運転の時代になっても、これまでとあまり変わらないと言っていいのだろうか。実際には大きな変化が起こる可能性がある。

動きはすでにある。ZFは自動運転の電気自動車を開発するベンチャー企業、e.GO Mobileと都市型自動運転車両を製造する合弁会社e.GO Mooveを設立し、二〇一九年から量産を始めると発表した。合弁会社が狙うのは、従来の消費者や企業ではない。自動運転車を使ったモビリティサービスに参入したいが、自社では車両を製造する技術を持たないサービス企業に売り込もうとしている。e.GO Mooveは当面、年間数万台の生産を計画しているが、ZFは今後五〜七年でこうした車両に対する需要は百万台規模に達すると予想している。

このようにメガサプライヤーは新たなサービスプロバイダーに自動運転車両を提供するビジネスを考えている。そしてそれはトヨタ自動車など完成車メーカー各社も検討していることだ。つまり、サービスプロバイダー向け車両という新市場が生まれ、そこで部品メーカーと完成車メーカーが同じ立場で競うという、これまでにない構図がこれから見られるようになる。

053 周辺産業の崩壊

●アフターサービスの概念が変わる

現在の自動車産業の売り上げの大半は新車販売で占められている。配車プラットフォームと自動運転により、新車販売が減ることになった場合、産業に与える影響は甚大である。

完成車メーカーとメガサプライヤーはサービスプロバイダー向けの車両販売を狙う。メガサプライヤー上位五社よりも下位の部品メーカーはおそらく自社で自動運転システムをすべてまかなうことはできない。そこでエンジン部品、車体部品、インテリア周り、シャシー部品といった具合に自社の専門分野を絞り込み、競争力を確保しようと動くだろう。

一方、エレクトロニクスやITといった産業界は自動車の変化をビジネスチャンスととらえている。例えば電池である。二〇一六年に世界で二百万台販売された電気自動車とプラグインハイブリッド車は、二〇二〇年には九百万台から二千万台に達する可能性があり、膨大な電池需要を生み出す。電池には巨額な設備投資が必要なため、資金力の有無で淘汰が進み、供給メーカーが限られるかもしれない。

仮に千万台の電気自動車が普及するとしたら、電池に使うリチウムの埋蔵量は五年分しか持たないという見方がある。リチウムの代替物を探したり、別の電池技術を開発したりする動きが出てくる。

車検に向けて定期的に整備したり、タイヤやバッテリーのような消耗品を買い換えたりするためのアフターマーケット市場は新車販売が縮小すれば、それに連れて縮んでいく。ただし、ここまで見たように使われ方が大きく変わっていくため、クルマをできるだけ購入時の新車状態に近づける従来型のアフターサービスから、場合によっては購入時のよりも高機能のクルマに進化させるサービスが新たに生まれるだろう。

例えばエンタテインメントのためのディスプレー追加やコンテンツ販売、自動運転のためのセンサー搭載ないし交換などである。

完成車メーカーも魅力ある新車、新モデルをたくさん開発し、売り出すというより、追加サービスで進化できるクルマとそのサービスメニューを競うように変わっていく。

054

自動車へのサイバー攻撃

●乗っ取られたら、なすすべなし

自動車産業に革新をもたらす潮流を表すキーワードとして「CASE（ケース）」がある。コネクテッド、オートノマス（自動走行）、シェアード、エレクトリック（電気自動車）の頭文字を連ねたものだ。独ダイムラーが二〇一六年に提唱し、産業界に広がりつつある。各要素はそれぞれが単独でも自動車産業を一変させる力を持つ。それらが互いに融合することで、従来の自動車産業やクルマ社会のあり方に革新が起こるという見方である。

このうちコネクテッドは日本語で「つながるクルマ」とも呼ばれる。自動車がインターネットなどの情報ネットワークにつながり、IT端末としても機能することを意味する。すでにモバイル回線（4G LTE）や無線LAN（Wi-Fi）を介してネットワークとつながるクルマは数多く市販されている。カーナビや音楽プレーヤーへのコンテンツ配信、事故や故障の通報のほか、スマートフォンを使って離れた場所からヘッドライトを点灯させて駐車位置を確かめたり、乗車前にエアコンを始動させて車内温度を快適に調整したりできるサービスも提供されている。

今後は、進化を続ける自動運転技術やクラウドサービス、ＡＩ、ＩｏＴなどとも連携しながら、つながるクルマによるサービスは飛躍的な発展が見込める。特に、日本国内では二〇二〇年に対応サービスが始まる次世代の高速モバイル通信規格「５Ｇ」や、二〇一八年十一月開始の「みちびき（準天頂衛星システム）」による高精度測位サービスによってサービス進化が加速する見通しだ。

だが、つながるクルマは、ネットワークとの連携によって得られる多様な利便性と引き換えに、その暗部とも付き合っていくことを強いられる。ネットワークを介したサイバー攻撃の脅威である。

走るＩＴ端末となるつながるクルマは、サイバー攻撃によって最悪の場合はアクセル・ブレーキ・ハンドルなどの駆動系の制御を乗っ取られたり、無効化されたりする恐れがある。そうなれば搭乗者の生命が危うくなるだけでなく、周囲の人やモノに対する凶器にもなりかねない。ハンドルもアクセルペダルもないタイプの自動運転車の制御を攻撃者に奪われてしまったら搭乗者はまさしく手も足も出ない状況に陥る。

これまでのところ、つながるクルマへのサイバー攻撃による明確な被害は報告されていないが兆候はある。

二〇一五年七月に欧米フィアット・クライスラー・オートモービルズ（ＦＣＡ）は米国で、ＳＵＶ（多目的スポーツ車）モデル「ジープ チェロキー」を百四十万台リコールすることを公表した。モバイル回線対応のネット接続機能Ｕｃｏｎｎｅｃｔの電子制御装置（ＥＣＵ）に、アクセルやエアコンなどを遠隔操作できるセキュリティ脆弱性が見つかったためである。セキュリティ研究者がモバイル回線経由で走行中の車両に不正アクセスする実証動画を公開したのがきっかけだった。

二〇一六年九月には、中国のＩＴ大手、テンセントのキーン・セキュリティ・ラボが、無線ＬＡＮを介して米テスラの電気自動車モデルＳのＥＣＵに偽の制御信号を送って外部から操れることを実証動画で公表。テスラはセキュリティ脆弱性を修正するプログラムを配布した。

どちらのケースも一般的な情報システムに対するサイバー攻撃手法が通用した。情報系であるカーナビなどの車載インフォテインメント機器（ＩＶＩ）にあるセキュリティ脆弱性を突いてシステムに侵入した後、エンジンなどの駆動系を制御するＣＡＮ（コントローラー・エリア・ネットワーク）のソフトウエアを書き換えた。こうすることで外部から無線経由で偽の信号を送り込み、アクセルなどを操れるようにした。

運転操作を乗っ取られるほど深刻ではないものの、国内メーカーのクルマについてもサイバー攻撃の危険性が指摘されている。日産自動車の電気自動車リーフは乗車前にエアコンなどを操作するためのスマホ用アプリを認証する仕組みが車両側に無かったことから、十七桁の車両識別番号（車台番号）の下五桁が分かればインターネット経由でどこからでも操作できる危険があった。それを示す実証動画が二〇一六年二月に公開された。

三菱自動車のSUV、アウトランダーPHEVは無線LAN接続用のパスワード桁数が少なく、それが解読されると、乗車前にヘッドライトやエアコンを操作するためのスマホ用アプリを第三者が使うことができた。これについても実証動画が二〇一六年六月に公開された。三菱自動車は二〇一七年五月、二万台強を対象に制御プログラムを書き換えるリコールに踏み切った。

スマホ用アプリからエアコンやドアロックを操作できるリモコンサービスシステムは、認証部分のセキュリティ脆弱性などのために第三者に操作される危険性が高いことが米ゼネラル・モーターズ（GM）などのサービスでも指摘されている。

車載システムの情報系と制御系を完全に分離すれば、一般的なIT機器へのサイバー攻撃手法が通用する情報系への侵入を許してしまったとしても、アクセルやハンドルなどの制御系を不正に操作される危険性を排除できる可能性が高い。だが、自動運転の精度や快適性を高めたり、柔軟なシェアリングサービスを実現したりするために両者の連携は欠かせない。制御系ソフトウエアの不正な書き換えを防ぐなど、分離ではなく連携を前提にした対策が必要だろう。

車両本体の情報系や制御系へのサイバー攻撃を遮断できれば安全というわけではない。クラウドサービスやモバイル通信サービスに対する攻撃によって、車両位置や道路状況、目的地などに関わる情報の車両への伝達を妨害されたり、偽情報を送り込まれたりする危険性がある。

正しい目的地に到達できない、異なる場所に誘導される、遠回りや渋滞している道に誘導され到着が遅れる、工事中の道路に高速度のまま誘導されるなど、「できるだけ早く安全に目的地に到着する」というクルマの基本的な役割が損なわれる恐れがある。

055 法制度整備至上主義

●法律を待ち続けても何も始まらない

社会問題を解決するために新たな技術を取り込む場合、その技術を製品やサービスとして社会に実装するだけでなく、今ある制度を見直さなければならないケースがある。

例えば自動運転を普及させるには、自動運転技術の安全性能を高めるとともに、今ある法制度を見直し、自動運転の存在を前提としたものに改めなければならない。日本において自動運転車の公道走行を認めるために見直すべき代表的な法律は三つある。第一は運転手の運転行為に関する「道路交通法」、第二は車両関連の「道路運送車両法」、第三は被害者救済に欠かせない保険関連の「自動車損害賠償保障法」である。これらの法律はどれも運転手の存在しない自動運転車を想定していない。ドライバーレスの自動運転車が公道を走行することは違反行為となってしまう。

ただし、国内全般に通用する法制度改正をいきなり考えるのは得策ではない。なぜなら、自動運転技術に対して、日本におけるすべての環境、すべての利用者に向けた共通のルールを作るのはなかなか難しいからだ。例えば地理的環境に違いがあったり、利用者によってニーズが別だったりすることがある。

「すべての一般道路をいつでも安全に運転できるようにする」という目標は、現状の自動運転車の技術開発水準からするとかなり難しい。一般道路で安全に走行するためには、自動運転ソフトの運転機能を高めることだけでなく、すべての走行道路の高精細三次元デジタル地図が必要になる。さまざまな自然環境や道路条件でセンサーが正しく機能し、その情報から周辺状況や運転操作の判断を的確に実行できるかどうかを確認する必要もある。

それに対し、「信号も交差点もない一本道を十～十六時の間、晴天の時だけ、決められた区間を時速二十キロメートルで往復する」という目標なら、今ある技術で十分に安全性を確保できる。地図の整備と運転機能の向上、自然環境や道路条件で確認すべきことを大幅に簡略化できるからだ。必要なことだけに開発リソースを集中すれば「特定エリアに特化した自動運転車」を作ることができる。最大走行速度を遅くして、雨や夜間の走行を避ければ、さらに安全性は高まる。

日本においては二〇二〇～二〇二五年頃、自動運転車と一般車が公道で混在する状況を想定した法制度の在り方の検討が始まっている。ここでも、車両の装備だけで安全性を担保することが難しいとの考えから、走行する環境条件の設定が議論されている。具体的には、走行速度を低速に抑える、走行範囲を特定ルートのみとする、他の交通と混在しない専用エリアだけとする、走行できる天候・時間などを限定する、遠隔型自動運転システムの通信条件を確保する、などがある。

このように全国一律のルールを作ることを第一の目的とせず、利用者が何を求めているのかを精査し、その目的に合う走行環境条件に限定したルールを個別に作りながら、そのときどきの技術進展や利用者ニーズに見合った導入方法を積み重ねていく。これが新しい技術の導入に欠かせないアプローチと言える。

懸念されるのは、新技術を社会に導入していく際に、「法律が決まってない以上、法律が決まってから取り組めばよい」という姿勢があることだ。法律がないと何かトラブルがあったときに責任が問われかねないという意識は、技術開発側だけでなく利用者側にも根強い。

だが自動運転の場合、法律を待つのではなく、地方自治体などが積極的に「我が町の走行環境条件」を打ち出すことが必要であり、そうでなければ、その町の問題を自動運転車で解決することはできない。誰が最初に取り組むかを互いに見合っているような状況が生まれるようでは、走行環境条件別という推進方針が打ち出されても自動運転による社会問題の解決は始まらないかもしれない。

056

自動運転への排斥運動

●いったん運転から離れた人は復帰できるか

二〇一七年七月、世界で初めてアウディが市販車に自動運転レベル3の機能を搭載すると発表したニュースは、自動運転機能が明日のクルマ選びに関係するものになりつつあることを印象づけた。

自動運転レベル3とは、一定の環境条件の下ならクルマが自律的に運転操作を実行し、運転手が運転責任を持たなくて済む。現時点で市販車が備える自動運転機能は運転手の監視下にあることを前提とした運転操作支援であり、自動運転レベルは1あるいは2である。クルマに運転操作を任せられる自動運転レベル3なら、自動運転モードで走行しているときに運転手はハンドルから手を離して電子メールをチェックしたり、資料を見ながら打ち合わせをしたりできるようになる。

とはいえ、今はまだ、公道走行に関係するいくつもの法律が「免許を取得した人間がクルマを運転する」ことを前提としている。例えレベル3の自動運転機能を備えるクルマが発売されたとしても、自動運転モードで公道を走行したら法令違反になりかねない。こうしたことからアウディは、レベル3の自動運転機能については、すべての関係法制度が見直された地域から提供を始めるとしている。

このように自動運転レベル3の登場は間近に迫っているが、運転操作に関して新たな事故を起こす危険もはらんでいる。

レベル3では、必要に応じてクルマが運転手に対し、運転操作への復帰を求めることになっており、運転手には運転操作復帰の義務がある。例えば、自動運転モードの実行環境として「時速六十キロメートル以下」が指定されている場合、走行速度がこれを超えた段階でクルマは運転操作への復帰を求める。ここで問題は自動運転モードで運転操作から解放されていた運転手がしっかり運転に戻れるかどうかである。

運転手がレベル3に課せられる義務を十分に理解していたつもりでも、運転操作の復帰に関連した各種操作におけるヒューマンエラーやミス、システムそのものの不具合、システムの動作に対する理解不足とそれに関連する誤操作など、これまでのクルマの運転には存在しなかった事故の危険性が生まれることになる。

運転操作への復帰要請はレベル2の自動運転機能でも行われているが、それでもレベル2の自動運転車が自動運転モードで事故を起こした例がある。レベル3〜5の自動運転車の公道テストでは、テストドライバーが乗車していても事故を起こしている。

これらの事故のいくつかは運転手が適切に運転に復帰していれば回避できたはずである。それでも事故が起こってしまうわけだから、少しの間であっても監視義務が無くなるレベル3においては、これまで以上にドライバーが運転操作に確実に復帰できる仕組みと、復帰できなかった場合の安全対策が求められる。

そうした仕組みと対策の内容によっては、安全性を優先してレベル3の利用を控えるべき、という意見が大勢を占めるようになるかもしれない。自動運転への排斥運動に至ってしまったら、自動運転はもう進まない。

057 産業の再定義

●変化しない産業はない

本章は自動運転の不確実性を取り上げたがこれらは章の副題にある通り「デジタル化・サービス化が産業を再定義」するものでもある。自動車産業に無縁の方は、「自動車産業」をご自身が関わっている産業に置き換えていただきたい。

コネクテッド（つながる）、オートノマス（自律・自動）、シェアード（共有）、エレクトリック（機械駆動から電動へ）というキーワードは他の産業にも通じるものである。

デジタル化・サービス化によって顧客にこれまでにない利便性や価値（効率的かつ低価格の配車・移動サービス、機能が進化するクルマ）を提供できれば、顧客は受け入れる。

それに伴い、既存のビジネス（新車販売）や周辺ビジネス（保険、駐車場、アフターサービス）は悪影響を受け、産業構造が変わっていく（完成車メーカーとメガサプライヤーの位置づけ）。これらは悪影響を及ぼす。

だが同時に新しい市場が生まれるチャンスをもたらす不確実性もある（モビリティサービス、新保険、送迎スペース提供、クルマを使ったエンタテインメント提供、新素材の利用）。

デジタル化・サービス化で重要になるのはデータである。新たな石油を手に入れる事業モデルを考える必要があるとともに、サイバー攻撃からデータを守る対策も求められる。クルマのように人命に直接影響を与える製品の場合、サイバー攻撃の危険性は従来よりもずっと高くなる。そして新しいサービスが受け入れられるためには、法整備や安全性の確保による顧客の不安解消が欠かせない。

第六章筆者名一覧

日経BP総研　クリーンテックラボ

林哲史

オートインサイト　代表

（日経BP総研　未来ラボ客員研究員）

鶴原吉郎

日経BP総研　イノベーションICTラボ

井出一仁

第七章

格差社会のリスク

中間層はもういない

058

中間層消滅

●平均的消費者像に意味はない

「中間層消滅」とは、商品開発やサービス提供の際にターゲットに置くべき平均的な消費者像が想定しにくくなっていることを指す。消費者のニーズを正規分布の平均値を中心に置くようにとらえる見方が難しくなっている。

言い換えると消費者について様々な「格差」が出てきている。まず、消費者の中の所得格差である。所得格差を示すジニ係数が年々大きくなっていることから確実に進行している。

次に消費のユニットとなる世帯を構成する人数の変化が挙げられる。世帯が少人数化し単独世帯比率が増えている。といって今後の典型的な消費者像として「単独世帯」を想定すればよい、といった単純な話にはならない。

年齢による違いも大きい。高齢の富裕層と、子供のころからスマートフォンを当たり前のように使っている若手と、おのずから消費行動に違いがある。

男女による差、日本人と外国人の差もある。ちょっと変わった見方として、移動・交通の格差がある。高齢者が移動しづらくなると都市部、地方を問わず、消費行動が変わってくる。

一人の消費者の中ですら差が生じている。とにかく低価格のものを求める消費者と、本当にほしいものであれば価格にこだわらない消費者が共存している。

典型的な消費者像としての中間層を描くことはもうできない。商品やサービスを開発し提供する側は、消費者を所得、年齢、性別、世帯構成、居住地域、国籍などでセグメント化するだけでは捉え切れない。より精緻なマーケティングが求められる。

059 消費欲減退

●個人消費低迷が長引く構造的理由

実質ベースで個人消費の推移をみると二〇一四年四月の消費税引き上げ以降、低迷が続いている。今後も構造的な理由により、個人消費の低迷は長引くと考えられる。構造的な理由とは、所得の伸び悩み、所得の低い非正規雇用者の増大、今後見込まれている消費税増税や社会保険料の増加による可処分所得の減少などがある。将来への生活不安から所得を貯蓄に回す傾向も強まっている。

今後十年から二十年のレンジで世代別に展望してみよう。二〇一八年に七十歳前後の団塊世代がいわゆる「人口ボーナス」をもたらす介護サービスなどの個人消費の分野があるが、年金支給額が抑制されることもあり、個人消費全体を押し上げるには力強さに欠ける。

比較的、年代別人口の多い四十五～四十六歳を中心とする団塊ジュニア世代がこれから徐々に高齢化していくことを考えると、美容・健康関連の分野で一時的に人口ボーナスがもたらされると考えられるものの、この世代が六十五歳以上の高齢者入りする二十年後より先には、本来なら消費を引っ張る生産年齢人口（十五歳以上～六十五歳未満）が大きく減少することもあり、全体として消費低迷が続くと考えられる。

二〇一八年に四十歳以下の世代については、所得や可処分所得の伸び悩み以外にも、生活スタイルの変化があり、個人消費は大きく伸びない。男女とも生涯未婚率が上昇を続けており、世帯全体でも単独世帯比率が上昇している。結婚、出産・育児の機会が減少すれば、おのずと住宅や自動車、家電製品など比較的高額な消費財の購入機会が減る。

ただし全体の消費が低迷するなかでも単価が上昇している分野もある。ネット活用などで日用品の平均購入単価が下落傾向にあるなかで、より趣味性の高いアイテムについてはむしろ一点豪華主義がみられ、購入単価が上昇している。

060 単独世帯の増加

●小口化・時間的分散化・オタク化

テレビアニメ「サザエさん」が描く七人家族の世帯は現代では少数派だが、戦後から一九六〇年代までは日本の世帯の三～四割を占めていた。その後一九八〇年から一九八五年にかけては四人世帯の占める割合が最も多くなった。

一九九〇年を境に、独り暮らし（単独世帯）や二人暮らしの比率がどんどん高まっており、まだ頭打ちの傾向を見せていない。特に都市部の世帯の少人数化はさらに進んでおり、二〇一五年についてみると東京都でほぼ半数にあたる四十七・四パーセントが単独世帯となった。中でも渋谷区、新宿区、豊島区、中野区は単独世帯比率が六十パーセントを超えている。

国立社会保障・人口問題研究所の調査によると、二〇一五の生涯未婚率（五十歳までに一度も結婚したことがない人）は男性で二十三・四パーセント、女性で十四・一パーセントとなり、前回調査の二〇一〇年よりいずれも急上昇した。結婚離れの割合は男性で四人に一人、女性で七人に一人になる。この傾向がいつ収まるのかまだ分からない。

独り暮らしの消費には、消費の「小口化」「時間的分散化」「オタク化」という三つの傾向があり、なかなか複雑だ。

「小口化」は文字通り、世帯当たりの消費量が減ること。例えばスーパーのキャベツなら、七人世帯なら一個まるごと売れていたところが、四人家族なら半分、独り暮らしなら四分の一あるいはそれ以下に切らないと売れなくなってくる。売り上げが減るだけではなく、作り手・売り手にとってコスト高の要因になる。

「時間的分散化」は消費行動が起きる時間が一定せずバラバラになること。サザエさんの家族七人はちゃぶ台を囲んで同時に食事をするが、独り暮らしならいつどこで食べてもかまわない。誰かの都合に合わせる必要はない。

「消費行動が起きる時間の変化」は意外なところに影響を及ぼす。家電製品の商品企画の例として洗濯機を考えてみる。専業主婦が大家族の全員分の洗濯を担う生活スタイルだと、日中に干すため洗濯は午前中から昼すぎにかけて行われる。汚れものの多い小さな子供の洗濯のために強い洗浄力が求められ、大家族全員分を洗うために節水や洗剤が少なくて済むエコ性能が求められる。ところが、現代の都市部で働く独り暮らし女性の生活スタイルをみれば、洗浄力や大容量の優先順位は低い。洗濯機に最も求められるスペックは静かさである。仕事が終わって帰宅後、夜の時間帯に洗濯することが多いためだ。消費行動の時間が変わると、ものづくりだけではなく流通・サービスについても変化を促す。コンビニや通販の普及は購買行動の二十四時間化に対応したものだし、近年ではフィットネスクラブなどのサービス業でも二十四時間営業するところが増えている。

このように、「いつ、どこで、どれくらい」消費するのかについて消費者はますますわがままになっている。当然、「何を買うか」についてもこの傾向は強まっていく。それが消費の「オタク化」である。生活必需品とは別に、それぞれが自分の趣味嗜好に従って消費財を選ぶ。情報化が進み、通販の進歩のおかげで選択肢は極めて広い。独り暮らしの場合、個人の消費に意見を言ったり引きとめたりする同居者はいない。

061 ネット世代消費

●情報収集に長けた消費者の登場

団塊ジュニア世代より下の若い世代では年齢別人口がどんどん減少しているため、消費の母数自体も減少していく。しかもこうした世代は将来に対する生活不安から消費を抑制して所得を貯蓄に回す比率が高い。三十代から下の世代では、酒や自動車など団塊世代や団塊ジュニア世代が消費を支えていた分野の商品について強い必要性を感じていないことが以前から指摘されてきた。非正規雇用の比率が高くなり、全体としての所得自体も低いため、将来への不安が強く消費マインドはもともと低い。

こうした世代はスマートフォンから当たり前のように情報を得ており、消費行動にインターネット利用の影響が強く出る。ネット通販やコンテンツ利用に加え、様々な製品やサービスを共同利用するシェアリングも進み、消費はするが所有にはこだわらないというトレンドがある。情報検索や口コミ情報など情報源としてもネットを頼る。

商品やサービスを提供する側は、商品やサービスの情報をスマートフォンからアクセスしやすいようにネット上に整備しておき、購買行動が起きた場合、すぐに対応する体制を持つ必要がある。

商品情報を競合他社や多様な販売チャネルの間で比較検討されることは、購入価格を押し下げる効果がある。若者の消費スタイルはネット上の情報や仕組みを活用してできるだけ損をしない手段を選ぶ傾向が強い。消費停滞時代に企業はこうした消費スタイルを理解したうえで、商品やサービス並びに情報提供をする必要に迫られる。

062

富裕層二分化

●おカネを使わせるビジネスの限界

所得格差が広がり、中流層が分散する中、預貯金、株式、債券などの純金融資産総額で一億円以上を持つ富裕層はここ十年で確実に増えてきた。大企業勤務者であれば定年退職時に富裕層となる人が少なくなかったからだ。一億円程度の金融資産があれば、時間もお金にも余裕のある生活を送ることができると考えられた。

多くの企業はこの流れにのって、高額資産を持つ人への商品やサービスを強化する戦略を取ってきた。だが、優雅な生活を前提にした富裕層向けビジネスは見直しを迫られている。

野村総合研究所は純金融資産総額で一億円以上保有する世帯を富裕層、五億円以上を超富裕層として調査し、富裕層と超富裕層を合わせると二〇一五年時点で百二十一・七万世帯あると報告した。二〇一三年度と比較すると二十・九パーセントの増加だった。富裕層・超富裕層の資産総額は約二百七十二兆円で、アベノミクスが始まる前の二〇一一年よりも約四十五パーセントも増えていた。

資産が一億円あれば、年に一度か二度の海外旅行、数回の国内旅行やゴルフ、ときには子供や孫への支援などと、「時間もお金も余裕のある老後」が考えられた。多くの企業はこうした層に向けて商品やサービスを提供してきた。

例えば、多くの銀行は高額を預かる顧客に対して、手数料の優遇や特別金利、高級飲食店や観劇の予約など、会員制のプレミアムサービスを設けてきた。カード会社であれば使用金額の多い所有者に対して、ゴールド、プラチナ、ブラックと段階が上がるたびに特典を増やしてきた。優良顧客の囲い込みは利益率の高いビジネスにつながった。

ところが収入が低下する現実と、寿命が長くなることの不安感で、今まで富裕層だと考えられていた人が消費を手控える傾向が出て来ている。その背景には「人生百年時代」と「マイナス金利政策」がある。

六十五歳まで生きた女性の半数、男性の三割近くが九十歳以上まで生きる時代になっている。政府は「人生百年時代構想」を提唱、これまでの人生八十年を前提に設計して来たものを見直そうとしている。

政府の発表した平成三十年度の厚生年金額は前年から据え置きで、夫の平均収入資産で四十年間就業、妻は専業主婦だった場合の月額は約二十二万円である。これに自分たちの資産で補塡しつつ、生活していくことになるが、人生百年と言われ、これまでなら富裕層と言われた人の中に、もう少し働こうという人が出てくる。

二〇一三年に「改正高年齢者雇用安定法」が施行され、企業は雇用を希望する人に対しては原則として六十五歳まで雇用が義務づけられた。ところが、六十五歳以降、実際に働き出してみると収入が「大きく下がり愕然とする」（食品会社雇用延長者）ことが多く、この心理が消費に影響する。

リクルートジョブズが二〇一六年三月に行った調査によると継続雇用後の仕事の内容は約八割が「定年前と変化がない」とする一方、給与水準は五十～七十五パーセント未満が四十八・一パーセント、二十五～五十パーセント未満が二十九・四パーセントとなっている。

さらに不安を増幅しているのが銀行の富裕層への対応変化だ。日銀がマイナス金利を導入し、預金を日銀に預けるだけで金利が稼げる時代は終わった。預金額の多いお客も単純には優良顧客とは言えない。金融商品を買ってもらいたいが「政府がいくら貯蓄から投資へと呼びかけたところで将来への不安からリスクのある商品へ現金を振り向けるお客は少ない」（メガバンク行員)。そうなると、これまでの富裕層は管理にコストがかかるだけの存在になってしまう。

三菱UFJ銀行は長年続けて来た預金額千万円以上の顧客クラブ、「クオリティ・ライフ・クラブ」のサービスを二〇一七年三月末で終了した。地方銀行でも会員制サービスを設けているところは多いが、そうしたサービスは見直しを迫られる。

今後、これまで富裕層と言われていた層と、真の富裕層の二分化が進み、別々のサービスを用意していくことになるだろう。

063 移動手段の低速化と消失

●移動に時間がかかる、移動すらできない

「なんだか、街中のクルマの流れが悪くなった気がする」「もしかしたら一回の青信号で右折できるクルマの数が減ってきていないか」。ご自身の行動なども振り返りつつ、最近こうした感覚を持ったことはないだろうか。実際、街中のクルマの平均速度が低下している。

国土交通省が二〇一七年六月に発表した「平成二七年度(二〇一五年度)全国道路・街路交通情勢調査」の一般交通量調査結果によると、日本全国の道路全体における二〇一五年度の自動車走行台キロ(走行距離の総和=道路交通需要)は、五年前の二〇一〇年度と比べてほぼ横ばいだっ

た。一方、平日混雑時のクルマの平均速度（混雑時旅行速度）は二〇一〇年度と比べ、全体として低下した。

より詳しく見てみると、走行台キロに関しては、「高速道路」と「都市高速」で七・五パーセントと三・三パーセント、それぞれ増加したものの、「一般国道」と「都道府県道など」は〇・七パーセントと〇・六パーセントの減となり、全体ではほぼ横ばいという結果となった。注目すべきは、一般国道や都道府県道などでは走行台キロが微減にもかかわらず、言い換えると、道路が空いたにもかかわらず、クルマの平均速度が遅くなったということだ。

具体的には平均速度が、一般国道では時速三十七・四キロメートルから三十五・三キロメートルへ、都道府県道などでは時速三十三・一キロメートルから三〇・八キロメートルへ、それぞれ低下した。クルマの性能は五年で向上したであろうし、道路環境がそれほど悪化したわけでもないとすると、自転車走行の増加などはあるにしても、やはり大きな要因は運転手や道を渡る通行人、つまり人だと考えられる。高齢化によって人の動きが鈍化し、影響が現れ始めたのではないか。歩道などにおける平均歩行速度についても同様の傾向が考えられる。

人が鈍化する傾向は、もともと低速度だった都市部の道路交通状況がさらに悪化していくことを意味する。人の移動時間が長くなり、物の配送効率も悪化する。つまり都市部で人と物の移動が問題になってくる。個人が小売店で買い物をしたり、ネット通販を利用したりするにしても、消費効率が悪化する恐れがある。

一方、高齢化が進む中、自動車運転免許を返納（申請による運転免許の取消）する動きが加速している。背景には、高齢者による自動車事故が目立ち、大きな問題となっていることがある。免許返納件数は二〇一五年度に二八万五千五百十四件。二〇一〇年度は六万五千六百五件だったから五年で四倍以上になった。返納者の大半は高齢者（六五歳以上）である。

これにより、都市部では運転手が減少して道路交通需要も減少し、平均速度の低下に歯止めがかかることもあり得る。その半面、地方では免許の返納によって日常の交通手段が無くなってしまう問題が浮上する。

地方においては少子高齢化や過疎化の影響で利用者が減り赤字に陥ったバス路線などの廃止が相次ぐ。公共交通手段が消失すると免許返納者は移動困難な状況になる。買い物に行ったり、病院へ行ったりするための日常の足が無くなることは地方の高齢者にとって大問題だ。都市部への移住が進むことも考えられるが、そうなると都市部における混雑時の平均速度をより一層低下させることにもつながりかねない。

買い物がしやすいはずの都市部で人の移動が遅くなり、物の到着も遅くなる。地方や過疎地域では小売店などに足を運ぶこと自体が困難になる。リアルの消費効率が落ち、経営に影響を与えかねない。移動・交通の閉塞状況をいかに打破するか、それは日本経済を活性化させるポイントにもなってくる。

064

女性ホルモンリテラシー格差

●知識不足で進まない女性活躍

女性がもっと活躍できる社会を作る、という政策の下、企業は女性の管理職や執行役員を増やす目標を掲げて取り組んでいる。だが、女性のキャリアアッププログラムを整備し、登用する人数を増やすだけでは不十分だ。長期的な視点でみると、働く女性本人、そしてその上司や経営者に「女性ホルモンリテラシー」があるかどうかが道を分けるだろう。言い換えると女性の健康問題に関する基礎知識をきちんと持てるかどうかである。

当社は社員の健康増進にしっかり手を打っている、そう思っている経営者は打った手の内容を思い返してほしい。メタボ検診をはじめとする定期健康診断を実施している、階段を使うなど社員の運動機会を増やすことを奨励している、栄養に配慮した社食を導入している、メンタルチェックを実施している。結構である。だが、それらの健康増進策は男女共通のものだ。女性の生理は男性のそれとはまったく違うという点に目配りはできているだろうか。

経営者や幹部が「女性の健康は女性ホルモンの波に影響を強く受けている」という知識を持たないまま、男性と同じだと考えて女性活用を推し進めることは、かえって有能な女性の登用機会を逃し、退職に追いやる危険を高めてしまう。

さらに、自分の心身の不調についての知識や、適切な対処法の知識を持たない女性は、そうした知識をもつ女性に比べ、不調が原因で仕事を欠勤する頻度が増え、出勤していたとしても仕事の効率が落ちる。せっかく昇進や昇格のオファーがあっても、体調に自信が持てず、辞退してしまう女性も少なくない。これらは企業と本人の両方にとって大きな損失だ。

日本医療政策機構は「働く女性の健康増進に関する調査2018」の結果、女性の健康問題についての知識や対処能力（ヘルスリテラシー）が高い女性は、そうでない女性に比べ仕事のパフォーマンスが有意に高いというデータを示し、ヘルスリテラシーの重要性を訴えた。

女性ホルモンリテラシーとして主に知っておきたいのは月経、妊娠、更年期に関することだ。だが、こうしたテーマを学ぶ機会がなく、大人になってもよく分かっていない人が多い。

女性は毎月、女性ホルモンの波に体調を左右されて不調を抱えやすい。その一つに生理中に数日間、ひどい人だと寝込んでしまうほどの痛みに悩まされる月経痛がある。もう一つが月経前症候群（PMS）だ。生理が始まる前の一定期間だけ、頭痛や乳房痛などの身体不調が起きたり、自分の感情を制御できなくなって攻撃的になったり、落ち込んでしまったりするメンタル不調に悩まされる。メンタル不調で仕事上の人間関係が悪くなる事例もある。

働く女性の七十四パーセントに月経痛があり、約六割はPMSを経験しているという調査結果がある。それらに適切に対処できていない人は多く、そのことによる日本の生産性の損失を日本医療政策機構は約五千億円と試算した。

さらに女性には性ホルモンが急に減ることで心身のバランスが崩れる「更年期」もある。平均閉経年齢は約五十歳。更年期は閉経前後の五年ずつを指し、多くの女性の場合、四十五歳から五十五歳がその時期にあたる。この間、うつやイライラなどの精神症状のほか、ホットフラッシュ、不眠、頭痛やめまい、関節痛など多様な症状に悩まされる人がいる。

日経ヘルスプルミエの調査では、生活に支障をきたすほどの更年期障害に悩む人は全体の約二割程度だが普通に過ごせた人も約二割しかいない。つまり八割の女性は何らかの不調を感じ、いわゆるQOL（クオリティ・オブ・ライフ）が低下した状態でこの期間を過ごしている。仕事をしている人は集中力が落ち、物忘れが増え、気力・活力が落ちた状態なのに手を打たずにいることになる。当然パフォーマンスは低下する。

辛い症状にはそれを和らげる治療がある。しかし、更年期について知らないために、我慢しても治療行動を起こさない女性が日本には多い。しかも、この年代はちょうど管理職や執行役員などの要職に就く時期に重なるから大変だ。「ホルモンケア推進プロジェクト」の二〇一二年の調査では、自分の体調や判断能力に自信が持てないなど、更年期のせいで昇進を断った経験を持つ女性は五十パーセント、仕事を辞めた人は約十七パーセントもいた。

近年、新しく浮上しているのが不妊治療と仕事の両立問題だ。二〇一八年三月に厚生労働省が発表した実態調査で、不妊治療をした男女二百六十五人のうち、十六パーセントが仕事と不妊治療を両立できず仕事を辞め、十一パーセントが不妊治療を断念したと答えた。

日本の不妊治療者が抱える原因のトップは卵子や精子の老化である。これは、もう少し若い年齢で「妊活」をしていれば、治療をしなくても妊娠できた人が少なくない、ということを意味する。三十五歳を過ぎたら妊娠の確率が急に下がるということを女性が認識し、企業もこれを理解して若いうちに子供を持った女性のキャリアプランを提示する。それができれば治療のために仕事を止めてしまう三十〜四十代の中堅社員は減るだろう。

働く女性が少なかった時代には、こうした女性特有の健康問題へのケアがなくても経営にはさほど影響は無かった。だが今後はこの問題に目をつぶることはできない。女性自身も男性も企業も、女性にはホルモンによる健康問題があるという共通認識を持ち、対策を先手で打たなければ失うものが増えるばかりだ。

065

インバウンドのリバウンド

●お土産も温泉も設備も似通っている

日本で今後成長が期待されている領域としてインバウンド・ビジネスがある。海外から日本にやってくる人に向けたビジネスだ。商用、国際会議への出席、留学、日本に住む知人への訪問といった目的で日本に来る人も多く、これらの人に向けたビジネスもあるが、なんといっても大きいのは観光である。

熱海、宮島、草津の観光協会によると、二〇一七年のインバウンド需要は極めて旺盛だったという。このため今後、インバウンド需要が減少する「リバウンド」を心配する向きもある。その対策次第で、好調な地域、リバウンドした地域、もともとインバウンド需要を取り込めていない地域の格差が鮮明になっていくだろう。

観光客も多様化している。素泊まりや通過型もあれば、車でやってきて無料の温泉施設を利用し、居酒屋で食事をして帰ってしまう客もいる。ご当地グルメやお土産、エンタテインメント施設や中期滞在型施設の開発などが求められている。

だが競争は激しい。例えば土産もののデザインパッケージを見ると補助金など使い、お洒落なパッケージが増えたものの、似たデザインも多く、せっかくのデザインパッケージがすぐ陳腐化してしまう。

温泉の過剰という問題もある。大都市圏でも温泉付きの大型施設がある上に、日本は掘れば出てきやすい地質で温泉の定義がゆるいこともあり、まだまだ新規の温泉施設は増えるとみられている。その一方、昔からの温泉地で廃業が増えている。

自治体が用意した観光やイベント誘致のために整備したスポーツ施設の利用拡大と老朽化対策も求められる。長野市ボブスレー・リュージュパークのように立派な施設であっても維持費が負担になり、競技利用を断念するところもある。

066

外国人増による相互不理解

●在留外国人数は過去最高

日本に住む外国人は増加の一途をたどっている。法務省が二〇一七年末時点の在留外国人数をまとめたところによると二百五十六万千八百四十八人で、前年末に比べ七・五パーセント増加え、過去最高になった。

在留外国人は消費者であり、インバウンド需要をリサーチする対象でもあり、増えていることはチャンスと言える。その一方で、あちこちの地域に「〇〇人街」と呼ばれる場所ができ、ゴミ出しのルールを守らないなど、地域と軋轢が生じている場合もある。

消費行動も生活習慣も異なる人たちとどう共存していくか。これはチャンスと難しさの両方を含む、まさにリスクと言える。

また、日本ではまだまだ現金による決済が主流だか、中国など多くの国で電子マネーやクレジットカードなどによるキャッシュレス化がどんどん進んでいる。在留外国人、一時的に来日する外国人がともに増えていく以上、日本もその流れに乗らざるを得ないが、小売業界、金融サービス業界にとって対応へコスト、既存の仕組みとの兼ね合いなど、考えなければならない面がいろいろある。

第七章筆者名一覧

日経BP総研 マーケティング戦略ラボ
渡辺和博
品田英雄
黒住紗織
丸尾弘志
石井和也

日経BP総研　ビジョナリー経営ラボ
渡辺博則

第八章

都市スラム化のリスク

インフラ老朽化がもたらすもの

067

火葬渋滞

●企業の福利厚生制度に見直し迫る

火葬渋滞とは「火葬が滞ってすらすらと進まないこと」、転じて、火葬を執り行うまでに相当の日数がかかる状況を言い表す。既に場所や時期、時間帯などによって七~十日間程度待たされるケースが発生し始めている。背景にあるのは多死社会と火葬場不足である。

多死社会とは文字通り、高齢化社会の次に来る、死亡者が著しく増える社会のこと。他の世代と比べて突出して人口が多い団塊世代が、これからまとまって人生の終わりを迎える影響が大きい。

厚生労働省の人口動態統計によれば、日本の死亡数は二〇一七年の一年間で百三十四万四千人。国立社会保障・人口問題研究所は「日本の将来推計人口」(二〇一七年推計、出生中位・死亡中位)において、死亡数は十三年後の二〇三〇年に百六十万人を突破し、さらに九年後の二〇三九年に百六十七万九千人とピークを迎え、その後は漸減傾向になるものの、二〇五〇年でも百五十九万人台を維持すると推計している。これほど死亡数が増えるのは世界的に見ても非常に珍しい。

一方、死亡者を火葬するための火葬場は減少傾向にある。厚生労働省の衛生行政報告例をひもとくと、日本全国の火葬場の数は一九九六年度に八千四百八十一カ所あったのに対し、二〇〇六年度は五千十四、二〇一六年度は四千百八十一と、ここ二十年でざっと半減している。しかも、二〇一六年度の火葬場四千百八十一カ所のうち、過去一年以内に稼働実績のある「恒常的に使用している火葬場」の数は千四百三十二カ所と約三分の一になる。これは厚生労働省の統計データに含まれる火葬場の中に、野焼きに近い簡素な火葬場も含まれているためとされている。

統計データを詳しく見ていくと火葬場は地方に多いことが分かる。例えば二〇一六年度の全国のベストスリーは八百七十カ所の福井県を筆頭に、六百九十一カ所の三重県、三百五十四カ所の石川県と続く。これに対して人口の多い、言い換えれば今後死亡数が多くなる三大都市圏を見てみると、東京都が二十七カ所、神奈川県が二十カ所、愛知県が四十二カ所、大阪府が百五十カ所に留まっている。

多死社会を迎えて死亡数がどんどん増えていく中で、特に大都市周辺で火葬場が不足しており、火葬渋滞をより深刻な社会問題に押し上げていくと考えられる。

火葬渋滞は忌引き休暇や出張など、ビジネスパーソンの仕事に直結する。近い将来、企業は各種制度の再構築を迫られる日が来るだろう。

忌引き休暇の日数を死亡者が配偶者で十日間、父母で七日間、子供で五日間といった具合に定めているところが多い。しかし火葬渋滞による順番待ちが発生すれば、これ以上の日数がかかる恐れが出てくる。仮に、大都市周辺での渋滞を避け、比較的余裕のある地方の施設を利用し、火葬自体は早く済ませられたとしても、地方との往復の移動にはやはり数日を要し、今以上に日数がかかることは間違いない。忌引き休暇は労働基準法で定められた法定休暇ではないものの、企業は福利厚生の一環として用意しており、その見直しを迫られる。

出張への影響とはホテルの確保である。昨今、東京や大阪への出張時、ホテルの確保に苦労したビジネスマンは多いに違いない。海外からの観光客などの増加に伴い、大都市圏でホテル不足が起きている。そのうえ、古いホテルが今後の多死社会をにらんで、火葬の順番待ちの遺体を安置する「遺体ホテル」へ業態転換したらホテル不足はさらに深刻になる。既に例がある。大阪市北区にある「ご安置ホテル リレーション」は築三十年以上経っていたホテルをリニューアルしたものだ。

火葬渋滞をはじめとする、都市や地方におけるビルやマンションなどインフラ設備を巡るリスクは「スラム化」という言葉で集約できる。オフィスビルの過剰供給、省エネ、老朽設備などへの対処を誤ると、スラム化は現実になってしまう。

068

東京のオフィス過剰在庫

●問われる都市の成長管理

東京オリンピックを二〇二〇年に控えた今、東京の都心部のあちらこちらで大規模ビルを建設する槌音が響いている。クレーンがそびえる工事現場を目にして、「これほどたくさんのオフィスビルが必要なのか」と思っている人は多いのではないか。

日経BP社の不動産情報誌、日経不動産マーケット情報が二〇一八年四月に調査した結果では、東京二十三区で二〇一八年以降に完成する延べ床面積一万平方メートル以上のオフィスビルが少なくとも百十棟、総延べ床面積千百六十万平方メートルが確認できた。この面積は二〇一四年に完成した虎ノ門ヒルズの約四十七棟分に相当する。

二〇二〇年に二十三棟、二百二十一万平方メートルのオフィスが完成し、当面のピークを迎える。ただ、その後も、二〇二五年まで一定のオフィス供給が続くことが明らかになっている。新しく完成するビルのほとんどが都心五区に立地しており、ワンフロアが千坪を超える巨艦ビルが目立つ。

ところが、ビジネスパーソンの働き方は大きく変わりつつある。パソコンやスマートフォンを使って、場所を選ばずに様々な仕事ができるようになった。最近では、都心部を中心に、シェアオフィスやコワーキングスペースが増えている。世界中でコワーキングスペース事業を展開する米ＷｅＷｏｒｋが二〇一八年、日本で最初の拠点をオープンした。利用者間の交流や協業を促す仕掛けを武器に、日本で拠点を広げていく。

企業の中には主要ターミナル駅周辺や郊外にあるシェアオフィスと契約し、本社の執務スペースとは別のオフィス（サテライトオフィス）として用意するところが出てきている。テレワーク制度（在宅勤務制度）の導入も増えており、本社オフィスにわざわざ出てこなくても、「いつでもどこでも働ける環境」を整える動きが加速している。

働き方の選択肢が広がることは、育児や介護などそれぞれに様々な事情を抱えている社員にとっても、社員のモチベーションを高めて組織の戦力を強化し、生産性の向上につなげたい企業にとっても大きなメリットがある。

新しいワークスタイルが浸透すれば、従来のように毎朝、決まった時間に都心の本社へ通勤し、同じ場所で執務する必要性は減っていく。そこで懸念されているのが都心部の「オフィス余り」現象だ。

かつて、オフィスの大量供給による市況悪化を危惧して「二〇〇三年問題」と騒がれたことがある。このときには直後の景気回復でオフィス需要が高まったことで、大きな問題にはならなかった。ただ、これから続く大量供給は、働き方の変化に加えて、日本の人口減少や一人当たりオフィス床面積の減少に直面する。今度こそ供給過剰に陥るとの見方が強まっている。

とはいえ、新築の大規模オフィスビルの多くは順調にテナント企業を確保している。やはり高い性能を誇る新築の大規模ビルは、それなりに高い稼働率を保つとみられている。となると始まるのは空室の玉突き移転だ。新築の大規模ビルへテナントが流出し、既存の大規模ビルに空室が生じる。その空室を埋めるため、既存の中規模ビルなどからさらにテナントが流出する。玉突きの果てに、競争力のないビルに空室が集まっていく。

競争力のないビルとは何か。「築年が古く基本スペックが低い」「耐震性、省エネ性能などテナントが望む水準に達していない」「最寄駅から遠かったり、周辺環境が住宅地に変わったりと、オフィス立地として弱いエリアにある」。要は、テナント企業に対して働きやすい環境を提供できないビルのことだ。

改修などによってバリューアップできれば競争力を高めることができる。あるいはオフィスから住宅など他の用途に転用し、生き残る。立地が良いビルなら土地が売られ、再開発されるかもしれない。しかし、どの選択肢も取ることができない競争力のないビルは長期間にわたって空室状態が続き、ついにはスラム化してしまう。

すでに地方都市で空き家や空き地が点在し、都市の密度が低下する「スポンジ化」の問題が指摘されている。人が住まないことによる建物の老朽化の進行とそれに伴う景観の低下、浮浪者や犯罪者の侵入による治安の悪化、経済活動・行政サービスの停滞などが起きる。

東京のオフィスビルにおいても同様の問題が深刻になる恐れがある。耐震性の低いビルが放置されたままでいると倒壊の危険性が高まるし、スラム化したビルは周辺エリア全体の価値を下げてしまう。スラム化したビルをいかにして良好なストックに変えていくか。これが東京の新たな課題になっている。

「都市の成長管理」のあり方について東京で議論を始めるべきであろう。これまでは容積率を大幅に拡充し、都心部の大規模オフィスビル建設を誘引してきたが、そうした時代ではなくなる。スラム化や危険なビルへの対策を進める一方で、オフィスの需給バランスをコントロールする手法も視野に入れ、オフィスの都市計画を見直す必要がある。

069

オフィスの高稼働化

●あなたのビルは二十四時間戦えますか

「二十四時間戦えますか」。バブル期に流行した栄養ドリンクのＣＭソングを覚えている人も多いだろう。当時は猛烈に働くビジネスマンが当たり前だった。三十年後の今、オフィスビルが猛烈に働かなければならなくなっている。

前述の通り、働き方改革の影響で時間や場所に制約されないテレワークが拡大してきた。出勤せず自宅で仕事したり、外回り先の近くでシェアオフィスやサテライトオフィスを利用したりするワークスタイルだ。

こうした動きは一部の企業だけの話ではない。三菱地所は二〇一八年一月、大手町パークビルディングへの本社移転に伴い、テレワークを全社に展開、オフィス面積を旧本社から約二割減らした。堅いイメージのある同社だが新本社を「働き方改革オフィス」の実証実験の場と位置づけ、自らの経験に基づき、不動産デベロッパーとして顧客に新たなオフィスを提案していくという。

これまでのオフィスビルは同じ企業が一定期間以上、同じスペースを使用することが前提となっていた。これからは契約期間が一般的な年単位ではなく、一カ月単位、一日単位、場合によっては一時間単位の利用が求められる。ビルを所有する企業は効率的な貸し方を考えないといけない。

貸し会議室予約サイトのスペイシーは企業のオフィスや個人が所有するビルにある遊休スペースを会議室として貸し出すサービスを展開している。登録されている会議室は三千室を数え、施設によっては一時間五百〜千円程度で利用できる。不動産関連事業を手がけるザイマックスは突発的に生じる大人数のプロジェクトチームを対象に、月単位でオフィスを貸し出す「XYMAXプロジェクトオフィス」を運営する。

オフィスを借りる企業も変わってきた。スタートアップ企業などは創業して間もなく規模を拡大したり、逆に縮小したりと、ビジネスがかなり流動的だ。不動産の契約期間に制約がなくなれば、オフィススペースを柔軟に変えられる。

時間の制約のない貸し方は、オフィスビルを「二十四時間・三百六十五日働く」の高稼働状態にし、使う人も大幅に増える。それに応えるためには、ビル自体を変えていかなければならない。まず、高稼働によるエネルギー使用量の増加に対処する必要がある。設備機器は建設当初の想定を超えて酷使されるため、不測の事態に備えたメンテナンスが重要になる。修繕や交換の時期が早まるかもしれない。光熱費も問題だ。高効率の省エネ設備に取り換えないと無駄なコストを払い続けることになる。窓や外壁、屋根などの断熱性能も強化したい。最新の省エネ設備を採用しても、断熱性能が低いままでは外気の影響をもろに受け、コストパフォーマンスが低下してしまう。

次に問題になるのはセキュリティだ。オフィスの利用者は契約上把握できるので商業施設のように利用者が不特定多数になるわけではない。ただ、多数の利用者に対し、いちいち入館証を配布するわけにはいかない。深夜や早朝の利用もあり得るが有人管理はコストがかかる。非常時の通報システムも必要になる。

これから二〇二五年にかけてオフィスビルが大量に完成する。新築ビルはハイスペックのため、時間の制約のない貸し方にも容易に対応できる可能性は高い。既存のオフィスビルはテナント誘致合戦で不利な戦いを強いられそうだ。

省エネやセキュリティは環境・社会・ガバナンスへの取り組みに優れた企業に重点投資する「ESG投資」の観点からも重要なテーマとなる。オフィスビルの高稼働化に向けた対策は急務だ。日本人のワークスタイルの変化を傍観している場合ではない。

070

高騰ビルと座礁ビル

●省エネ性能によっては投資が引き揚げに

四十度を超える酷暑、記録的な豪雨、東から西に逆走する台風、二〇一八年の日本の夏は異例ずくめだった。世界でも猛暑や洪水、山火事など異常気象による被害が広がっている。気候変動がもたらす破壊は凄まじい。

地球温暖化を防ぐための国際的な枠組みであるパリ協定では、産業革命前から気温上昇を二度未満に抑える目標を掲げている。日本は温室効果ガスを二〇一三年度比で二〇三〇年までに二十六パーセント削減すると表明した。業務その他部門（ビル）は約四十パーセント、家庭部門（住宅）は約三十九パーセント、それぞれ削減しなくてはならない。高いハードルだ。

ところが日本では建築物の省エネはこれまで野放図な状態だった。パリ協定の実現に向けて、建築物に対する省エネ基準の適合義務が二〇一七年四月から始まった。まずは延べ面積二千平方メートル以上の非住宅建築物が対象で、二〇二〇年までに全ての新築の建築物に適合を求める。ようやく日本でも省エネ建築が普及することになる。

二十一世紀後半に人為的な温暖化ガスの排出と森林などの吸収（マイナス排出）を均衡させ、正味の排出量をゼロにする、「脱炭素」に向けた取り組みも始まっている。年間の一次エネルギー消費量の収支をゼロにする「ZEB（ネット・ゼロ・エネルギー・ビル）」は二〇二〇年までに新築公共建築物等で、二〇三〇年までに新築建築物の平均で、それぞれ実現する。同じく「ZEH（ネット・ゼロ・エネルギー・ハウス）」は二〇二〇年までに標準的な新築住宅で、二〇三〇年までに新築住宅の平均で、それぞれ実現する。

近い将来、ZEBやZEHが当たり前の世の中になる。そうなると、省エネ性能の優劣が不動産価値に少なからぬ影響を与えることになる。

性能が高い建物は価格、賃料、入居率が高い「グリーンプレミアム」が付き、「高騰資産」

になっていく。性能が低い建物は価格、賃料、入居率が低い「ブラウンディスカウント」を受ける。今後、ＺＥＢやＺＥＨの普及で省エネ性能の平均レベルが向上すると、既存建物を中心にしてブラウンディスカウントを受けるビルの占める割合が増える。何も手を打たないと、大幅に価値を毀損する「座礁資産」になってしまう。

日本では物件取得の際に行うデューディリジェンス（査定）において、耐震性能が一九八一年五月以前の「旧耐震」か、同六月以降の「新耐震」か、どちらかによって不動産価値に大きな差が生じている。旧耐震の建物は補強して耐震性能を確保しなければブラウンディスカウントになる。

一方、現時点のデューディリジェンスに省エネ性能の項目はほとんど入っていない。省エネ性能のラベルになるＢＥＬＳ（建築物省エネルギー性能表示制度）が二〇一六年に始まったばかりで、優劣を比較できる物差しがまだ普及していないことも影響している。

だが、いつまでも看過されるわけではない。環境・社会・ガバナンスを重視する「ＥＳＧ投資」が世界で拡大するなか、日本でも省エネ性能の劣る建物は投資対象にならなくなる。そうした建物を保有しているというだけで投資が引き揚げられる「ダイベストメント」の危険もある。

省エネ性能が優れた建物は快適性が高い。テナントビルの場合、省エネ性能が劣るようであると企業は入居したがらなくなる。人材不足が深刻な状況下で、不快で不健康な室内環境では人材確保に悪影響を及ぼしかねないからだ。

断熱を強化して高効率な設備に交換し、グリーンプレミアムを目指す。その結果、国内外から投資を呼び込み、テナントの満足度も上がる。すぐに賃料アップにつながるわけではないかもしれないが、入居率が上昇する可能性は高い。省エネ改修を怠り、ブラウンディスカウントに陥ることだけは避けなければならない。

071 分譲マンション負の遺産

●スラム化が地域の価値を貶める

草木が伸び放題で見苦しい、台風が来たら倒壊しそう、不審者が出入りしていないか。地域の厄介者として社会問題となっている放置空き家についてこう語られる。だが、分譲マンションがスラム化し、ほぼ同じ言葉を投げかけられる日が迫りつつある。

空き家問題に詳しい富士通総研経済研究所の米山秀隆氏は、スラム化したマンションを「限界マンション」と呼ぶ。米山氏は二〇一五年に発行した書籍『限界マンション』で「次に来る空き家問題」と指摘する。

分譲マンションがスラム化するきっかけの一つはきちんと維持管理されていないことだ。鉄筋コンクリート造のマンションは、定期的に大規模修繕することで性能を維持する。ところが、築年数が経つと修繕にかかる費用がかさみ、区分所有者の高齢化もあって合意形成が難しくなっていく。そうなると大規模修繕が先送りされ、さらなる老朽化が進み、マンションの価値が下がり、入居者が減り、最終的にスラム化に至る。

国交省の統計によると、二〇一七年末時点で、築四十年を越えた分譲マンションは七十二・九万戸だった。十年後の二〇二七年末には百八十四・九万戸、二十年後の二〇三七年末には三百五十一・九万戸に増えていくと推計されている。既に日本の人口は減少しており、今後世帯数も減少に向かい、住宅が余る時代がやってくる。空き家が増え、スラム化の道をたどるマンションが出てくるのは避けられない。

都市計画の専門家はスラム化の危険があるマンションは都心か郊外かにかかわらず、散在していると指摘する。これも一種のスポンジ化と言える。都心から離れておりアクセスが悪いマンションだけではなく、都心にあっても耐震性や省エネ性能が不足していたり、配管などが劣化したりするマンションや、高齢者には不便なエレベーターがない四~五階建てのマンションは価値が下がる恐れがある。

分譲マンションのスラム化は地域のイメージダウンを招く。放置空き家と同様、景観や治安が問題になり、住宅地としての価値が下がる。周辺地域の価値まで下げるかもしれず、鉄道会社などが沿線住宅地の価値を維持する上で障害になりかねない。資産のはずの分譲マンションが負の遺産になるのである。

空き住戸や老朽化が目立ち始めた分譲マンションは放置せず、何らかの利用や対策を模索しなければならない。人口が減少し、都市が縮小する中で分譲マンションの魅力を維持することは、地域の価値を維持する上でも重要になってくる。

072 無縁墓の増加

●墓に頼らない供養の選択も

都市部への人口流出が止まらない地方で悩ましい問題が「無縁墓」の増加である。何年にも渡って墓の維持管理費が支払われず、故人に縁がある人への連絡も取れずに放置されてしまった墓を指す。

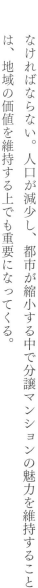

無縁墓に対して、墓の需要がある都市部では遺骨を無縁仏として合葬し、墓石などを処分して更地に戻すことが多い。だが、需要が見込めない地方ではそのまま放置している場合が少なくない。例えば熊本県人吉市が市内の墓地約千カ所の調査を実施したところ、約一万五千基の内の四割強が無縁墓だった。山の奥にある墓地では約八割が無縁墓になっているところもあったという。

少子高齢化と生涯未婚率の増加が共に進んでおり、無縁墓が激増することが予見される。少し前の調査だが、第一生命経済研究所が二〇〇九年に全国の男女六百人を対象に調べたところ、自分の墓が「いつかは無縁墓になる」と回答した人の割合は五十・三パーセントと半数を超えていた。

地方の問題としてはこれまで空き家が取り沙汰され、無縁墓はそれほどでもなかった。実家を離れて都会へと出た子世代が地元に戻らず、親の死後、家財の整理すらままならずに空き家として放置されている実情があった。墓にも同様の危険があったわけだが、空き家に比べれば管理に手間がかからないし、親類縁者の誰かが墓守をしてくれていれば無縁墓にはならずに済み、問題が顕在化しにくかった。

しかし、近年は親戚付き合いも疎遠になり、いまや親類縁者から地元を捨てた子世代に対し、墓の管理への不満が噴出する事態を招いている。一つの解決策は地方にある墓から遺骨を取り出し、都市部かその郊外の新たな場所に埋葬する改葬、いわゆる「墓じまい」である。

墓じまいをするかどうかについて親類縁者を含めた合意形成が欠かせないが、親類縁者に反対されるのではないか、といった疑念が頭をもたげ、先祖代々の墓を失くすという罪悪感にもさいなまれ、なかなか話を進められない。といって他人に気軽に相談できる類のものでもない。話題にも上りにくく気の重い憂鬱な難題として背負い込むことになる。悩んでいるうちに決断を先送りにしてしまう。田舎の無縁仏が増加の一途をたどる所以である。

親類縁者の賛同を得て、墓じまいをしようとしても、都市部あるいは近郊で墓を確保できるのか、という問題が待ち構える。人口が流入する一方の都会で墓を見つけることは難題であり、費用は地方と比べ物にならない。都市近郊の墓の価格を聞いて二の足を踏み、墓じまいができないケースもある。

逆に日本中の地方にある墓が人口流入に合わせて都会に引っ越して来たらどうか。想像するだけで恐ろしいが、墓地を巡るバブルが再発する可能性がないとは言えない。

ただ最近では、墓じまいをした後の供養の仕方に変化が表れている。「納骨堂で永代供養をする」「散骨する」「樹木葬にする」「自宅供養をする」といった墓石のない供養が新たな選択肢として続々と商品化されている。中にはＩＴを使い、画像として浮かび上がらせた墓にお参りをさせるものまである。

リアルな墓に頼らない、新たな選択をする場合は、家族や親類縁者を含めた宗教観のすり合わせを含め、もう一段高いハードルを越える必要があるだろう。それでも人口減少時代に突入した我が国では、祖先から脈々と受け継がれてきた弔いという行為を含め、価値観の転換を余儀なくされるのかもしれない。

073 自治体のスポンジ化

●改元後の再編で市場が消える

地域をピンポイントで襲う直下型の地震、あるいは二〇一八年七月の西日本豪雨のような災害、こういったダメージから回復する力が多くの自治体から失われつつある。人口減と高齢化のボディブローをじわじわ受けて、自治体の基礎体力は想像以上に落ちている。

震災から二年余を過ぎた熊本県は二〇一八年七月の段階でどこまで復旧できただろうか。豊肥本線は肥後大津駅と阿蘇駅の間、二十七・三キロメートルがいまだ不通で、全線開通の見通しは立っていない。震源地の益城町には更地と、解体すら手付かずの建物が残り、町役場の庁舎も解体中だ。熊本県内では依然として約三万八千人が応急仮設住宅や民間物件を借り上げた、みなし仮設住宅などで生活する。復興住宅の建設も人手不足などを原因に思うように進んでいない。

自然災害に見舞われなくても公共施設などの老朽化は進む。傷んだまま、補修費用も撤去費用も捻出できずに放置される例が各地で見られ始めた。施設の維持・管理費は増える一方であり、施設管理もままならず、実質的な機能不全に陥る自治体が今後は急増するだろう。人口が減少し、税収が減る自治体が単独で存続することは困難になり、改元後には平成の大合併を上回る、さらなる自治体の再編を余儀なくされそうだ。

総務省の「自治体戦略２０４０構想研究会」は二〇一八年四月に発表した第一次報告で「このままでは住民の暮らしと都市機能を保てなくなる」と指摘し、自治体に迫りくる三つの内政上の危機を挙げた。若者を吸収しながら老いていく東京圏と支え手を失う地方圏、標準的な人生設計の消失による雇用・教育の機能不全、スポンジ化する都市と朽ち果てるインフラ、である。

前述の通り、都市のスポンジ化が進むと、サービス産業の生産性の低下や行政サービスの非効率化、地域コミュニティの存続危機、治安や景観の悪化などにつながり、都市の衰退を招く恐れがある。これは自治体や地域の基礎体力低下と読み替えられる。

同研究会は「個々の市町村が全分野を手掛けるフルセット主義を脱却する」とうたい、複数の市町村で構成する「圏域」を行政主体として法制化し、連携して行政サービスを担う考え方を打ち出した。ただし圏域内の中心都市にサービス機能が集約され、周辺の衰退を加速し、サービス機能から遠くなる住民の生活に支障が出る懸念もある。

すでに行政区再編の検討を進めている浜松市は二〇〇七年四月の政令指定都市への移行で定めた現在の七区の体制を二区ないし三区に減らす方針を打ち出し、新たな区割りの原案を提示した。二〇一九年中に新たな区割りに移行したい考えだ。市は二区に再編した場合の効果として、人件費を中心とした年間費用削減効果が最大で約十億円になると試算する。

浜松市が構想する行政区減や研究会が打ち出す複数自治体による圏域構想は実質的な行政機関の減少に当たる。企業にとって行政機関というビジネスの発注先やパートナーが実質的に減る。「予算を十億円削減できる」という効果は、裏返せば十億円分の市場が無くなることを意味する。

074

管理不足インフラ

●犠牲者が発生、地域経済は混乱

「今や、危機のレベルは高進し、危険水域に達している。ある日突然、橋が落ち、犠牲者が発生し、経済社会が大きな打撃を受ける…、そのような事態はいつ起こっても不思議ではないのである。我々は再度、より厳しい言い方で申し上げたい。『今すぐ本格的なメンテナンスに舵を切らなければ、近い将来、橋梁の崩落など人命や社会システムに関わる致命的な事態を招くであろう』と。」

これは国土交通省社会資本整備審議会道路分科会が二〇一四年四月にまとめた「道路の老朽化対策の本格実施に関する提言」で触れられた「最後の警告」の一節である。メンテナンスが十分に行き届かない「管理不足インフラ」に対し、同省と同分科会が強い危機感を抱いていることがひしひしと伝わってくる。

しかも管理不足インフラは橋梁やトンネルを含めた道路だけではない。上下水道や港湾、河川管理施設といった社会インフラ全般に及ぶ。こうした社会インフラは高度経済成長期の一九六〇年代以降に集中整備されたため、老朽化が一斉かつ急速に進行している。

国土交通省の「社会資本の老朽化の現状と将来予測」によれば、建設後五十年以上経過する社会インフラの割合は二〇二三年と二〇三三年にそれぞれ、道路橋で約四十三パーセントと約六十七パーセント、トンネルで約三十四パーセントと約五十パーセント、河川管理施設で約四十三パーセントと約六十四パーセント、下水道管きょで約九パーセントと約二十四パーセント、港湾岸壁で約三十二パーセントと約五十八パーセント、とされる。つまり今から十五年後には社会インフラのおよそ半数以上が建設後五十年以上の老朽施設となる。だからこそ国土交通省は「今すぐ本格的なメンテナンスに舵を切れ」と訴えている。

ところが、本格的なメンテナンスが必要であるのにもかかわらず、多くがそれをできない管理不足インフラに陥る恐れがある。理由は大きく二つある。一つは一九九〇年代後半以降の公共事業の削減に伴い、社会インフラの維持管理や更新に対して十分な予算が確保できなくなったこと。国土交通省の二〇一四年の調査では「老朽化構造物等への対応による予算不足により安全性に支障が生じる」という懸念を示した市区町村が約九割に及んだ。

もう一つの理由は土木技術者の不足だ。上述の国土交通省の調査において、例えば橋梁のメンテナンス業務に携わっている土木技術者が「存在しない」と答えた町は全体の約五割、村の場合、約七割もあった。しかも、地方公共団体が管理する橋梁の約半数は建設年度が不明な上、「道路台帳（橋調書）の作成が不十分」、「橋梁設計図書を保存・管理していない道路管理者が多数存在」と指摘されている。これでは仮に土木技術者がいたとしても十分なメンテナンスは行えない。

管理不足のインフラが放置されたらどうなるのか。二〇一二年十二月に発生した、中央自動車道上り線「笹子トンネル」（山梨県大月市）の天井板落下事故を思い出してほしい。天井板のコンクリート板が約百三十メートルの区間に渡って落下し、走行中の車複数台を巻き込んで日本の高速道路事故史上最多の九人の死亡者数を出した、あの凄惨な事故である。

国土交通省の事故調査・検討委員会によれば、事故原因として、施工時からボルトの強度が不足していた、ボルトを固定していた接着剤が劣化した、など幾つか挙げられている。そもそも笹子トンネルは管理不足インフラだった。開通した一九七七年以降、天井板を固定するボルトや金具の交換・補修は行われていなかった。二〇〇〇年以降になると、天井板のボルトの異常を検知する打音検査すら実施されていなかったと言う。

そんな中、事故が発生し、商品や郵便物などの物流の混乱、高速バスなどの旅客輸送、通行止めによる観光客の減少など地域経済に多大な影響をもたらした。しかもこの状態は長く続き、完全復旧までには実に六十八日を要したのである。

075 動かないIoT住宅

●いつまで続く「メンテナンス無料」

日経コンピュータ誌に「動かないコンピュータ」という長期連載がある。導入したコンピュータが動かなかった原因を解き明かす中で、その時々にIT業界が抱える問題点を浮き彫りにしてきた。一九八一年の創刊以来、何度かの休止と再開を繰り返し、現在も続いている。近い将来、この連載に「IoT住宅」にまつわるシリーズが登場するかもしれない。

IoT住宅とは、モノをインターネットにつなぐIoTの住宅版で二〇一七年頃から取り組みが活発になっている。一例が設備機器や建材がネットにつながった住宅だ。エアコンや照明を外出先からスマートフォンで操作できたり、防犯カメラやセンサーを使って子供や高齢者を見守ったりするサービスが登場している。さらに、個々の設備や建材から得たデータをAIで分析し、居住者の行動を予測したり、建物の維持管理を効率化したりする試みが始まっている。

ところが、住宅業界や設備機器メーカーから「IoTをうまく使いこなせるか」と懸念する声がある。国土交通省が二〇一六年に開催した「IoT技術等を活用した次世代住宅懇談会」は取りまとめの中で次の二点を指摘している。「誰が責任を持ってそのネットワークを運営するのか、といったことについての議論が必要」「機器の接続や動作の保証についての責任分界点の明確化が必要」。住宅全体として取り組む場合はなおさら必要だ。

例えば、自宅のパソコンでWi-Fiを使ってインターネット上のサイトを眺めていた時、急にサイトが見られなくなったとする。この場合、様々な原因が考えられる。眺めていたサイト、ブラウザソフト、パソコン本体、Wi-Fiルーター、通信環境などだ。その原因がどこにあるか、利用者が突き止めて解決するのが一般的だ。だが、住宅向けのサービスとして広く提供する場合、高齢者など利用者によっては自力で解決できない人もでてくる。

先述の懇談会は責任範囲の明確化を指摘していた。それも重要だが、利用する側からすると誰かがワンストップで手助けしてほしいところだ。それには人材育成と費用負担が欠かせない。IoT住宅のブームの後に「動かないIoT住宅」が大量に残る事態を避けるには、この二点に取り組まなければならない。

IoT住宅の問題を解決するには、建物、設備機器、通信、家電、そしてコンピュータなど様々な専門知識が必要になる。ところが住宅建設の現場は分業化が進んでおり、設備系の工事は専門工事会社に、電気や水道配管についても別々の専門工事会社に、外注している。トータルな専門知識を持つ人材はいない。

一般財団法人の家電製品協会は、住宅もITも分かる、スマートハウスの専門家「スマートマスター」を認定する制度を運用している。スマートマスターは、家の構造・性能に関する知識を持ち、家電製品や住宅設備、エネルギーマネジメントに関する技術や商品の動向を理解し、様々な製品やサービスを横断的に組み合わせて、消費者個々のニーズに合ったスマートハウスの構築を支援する。

ただし現状ではスマートマスターの仕事として、住宅のモデルハウスや量販店の店頭で消費者にアドバイスすることを想定しており、営業支援の側面が強い。物件を引き渡し後も継続して建て主の相談にのったり、問題を解消するアドバイスをしたりできるようになれば、動かないIoT住宅の発生を減らすことが期待できる。

もう一つの課題は費用負担だ。住宅会社やIT企業が連携してサービスを提供する際、それそれがどう経費を負担していくのか、決めていくことになるが難しい。

そもそも住宅業界は引き渡した後、建て主に対し有料でサービスを提供することを苦手としてきた。引き渡し後の一定期間に発生した不具合に無償で対応するのが一般的だ。雨漏りなどの重大な瑕疵は十年保証が法律で義務付けられている。有料で対応できるようになるのは、設備機器で導入二年を超えてからである。こうした「メンテナンスは無料」という住宅業界の商慣習を覆す必要がある。

引き渡しの直後から建て主にメンテナンスや負担を求めることができるか。あるいは建て主の負担は無料にして、別の形で経費を賄うようにできるか。住宅会社やＩＴ企業は新しいビジネスモデルの創造を求められる。

第八章筆者名一覧

日経ＢＰ総研　社会インフララボ

安達功

小原隆

荻原博之

高津尚悟

桑原豊

日経ＢＰ総研　ビジョナリー経営ラボ

徳永太郎

第九章

コミュニケーション不全のリスク

ネット時代に存在感ゼロ

076 存在感ゼロ

●ネットで検索しても企業名が上に出てこない

企業や組織のブランドは魅力の源泉であり、優秀な人材の採用、株主や協力者からの支持獲得、そして顧客や利用者の「ファン」化、すべてを支える。

一方、過去の成功体験からの脱却、異業種も視野に入れたビジネスモデル再構築が産業界全体に広まっている。したがって事業再編や業態変化のスピードに合わせて、機敏にブランド施策を打ち出し、すべてのステークホルダーとコミュニケーションをとっていかなければならない。だが、それができる日本企業はまだそう多くはない。

日経ＢＰコンサルティングが消費者を対象に二〇〇二年から実施している「企業ネガティブ・イメージ調査」がある。五百の企業ブランドを選び、「低・信頼度」「低・人材度」「低・確信度」「低・一流度」「低・事業認知度」の五つの項目で企業ブランドのネガティブ・イメージないしマイナス・イメージを測定したものだ。

近年の傾向を見ると「低・事業認知度」のポイントが突出して高い、すなわち事業内容が分からない、イメージが薄い、とされている企業は、企業向けビジネス（いわゆるＢｔｏＢ）を手掛ける優良企業に多いことが分かった。好業績で業界でも高いシェアを握り、グローバルにしっかり展開していたりする企業でありながら認知度が低い。

ＢｔｏＢ企業の場合、知る人ぞ知る存在であっても高業績を挙げられる。だが、採用強化や、従来とは異なる業界の顧客を開拓したい場合、いくら同業他社の中で最も業績が好調だとしても、自社の事業認知度が最も低かったとしたらどうだろうか。本来の姿を伝えられていないのはあまりにももったいない。

その一方、新領域に積極投資して成長市場を先取りしようと事業の多角化に取り組んでいる企業をみると、「低・事業認知度」のポイントは平均より低い傾向にある。中には近年、急速な事業転換を行っており、従来社名と新業態がかけ離れている企業もあるが、新しいことをしている企業として、一定の認知がされていたりする。

自社アピールに配慮してきた消費者向け事業（ＢｔｏＣ）を手掛ける企業も気が抜けない。インターネット時代になり、簡単に情報発信ができるようになった反面、情報洪水状態になり、ネット検索の上位に出てこないと、その企業は無いも同然の扱いを受けかねない。

最近家庭に入りつつあるＡＩスピーカーにいたっては情報があるか、ないか、程度しかしゃべらない。「検索上位にこういう企業があります」などと親切なことは言わない。企業がホームページやウェブサイトをつくっていてもヒットしなければそれは「存在しない」ことになってしまう。

もちろんネットだけが情報伝達手段ではない。従来のメディアも含め、顧客そして自社の内部に対してコミュニケーションをとり、適切な情報伝達をしていく必要がある。

077

岩盤パブリックイメージ

●企業の変化を世間は知らない

いったん築いた過去のブランドやパブリックイメージは変えにくく、未来に立ちはだかる岩盤になりかねない。いわば「岩盤パブリックイメージ」が悪影響を及ぼす一例が人材採用だ。経営戦略や事業構造を大きく転換させていたとしても、それを学生あるいは他企業からの転職希望者が理解できていないと、就職前のイメージと就職後の仕事にギャップが生じ、離職につながる恐れがある。人手不足が深刻になるなか、その打撃は計りしれない。

近年、自社社員から自分の知り合いを紹介してもらって採用する「リファラル（紹介）採用」が広がりつつある。米グーグルなど人材獲得競争が激しい米ＩＴ業界で盛んになった手法だ。取引先との関係性や有力者の縁故による、昔ながらのコネ採用とはまったく異なる。特に、自社社員が最新の企業像を理解できていないとリファラル採用は機能しない。

例えばパイオニアはリファラル採用をしている。立て直しを進める同社は二〇一五年三月、家庭用のＡＶ（オーディオ・ビジュアル）機器事業を切り出し、現在は自動車分野に注力する。こうした実態を学生に伝える必要がある。

家具大手のニトリホールディングスは二〇一九年四月、採用者が記入するエントリーシートから志望動機の欄を無くした。主力事業は家具の製造・販売だが、金融業や総合商社など他業種を志望する学生も採用し、ニトリグループの新規事業を拡大させたいからだ。この場合でも、新たな企業ブランドの構築とコミュニケーション戦略がますます重要になってくる。

しなやかに変化していく自身の未来を的確に伝えるために、自社ブランドの岩盤化に留意することが欠かせない。

078 残念な周年事業

●原因は準備不足とビジョン欠如

企業にとって周年は創業・設立の記念となる節目の年だ。年史・周年史を制作したり、記念式典を行ったりすることが多い。しかし明確なビジョンがないまま形式的に周年事業をしてもプラスにはならない。いくらコストをかけても、その企業の価値や成長戦略を社内で確認し、社外に訴求する周年事業にならなければ、ブランディングの失敗につながりかねない。

企業のブランドコンサルティングを手掛けるミント・ブランディングの守山菜穂子代表取締役は「ビジョンや目的を事前にはっきりさせないと周年事業は失敗する」と指摘する。

例を挙げよう。「ある企業で五十周年事業を広告代理店に依頼した際のオリエンテーションが『とりあえず何案か出してみて』という大雑把なものだった」（守山氏）。代理店は分厚い企画書を提出したが、社内で改めて検討したところピンと来ない、コストが見合わないという理由でいずれも不採用になり、一から検討し直すことになってしまった。周年事業の目的と予算を社内で詰め、事業パートナーに正しく伝えるコミュニケーションが欠落していた。

「おかげさまで○周年」といった周年キャンペーンにも注意が必要だ。広告を出したり、名刺に周年ロゴを印刷したりするなど様々な方法があるが「広告は工夫しないと、その日限りになりがち」と守山氏はみる。一方、「名刺交換した社員の方に『今年が周年ですね』とお声がけしても、反応が薄いときもある」。自社の周年ブランディングが社員にきちんと浸透していない例と言える。

周年キャンペーンの失敗としてコストの見誤りも多い。「周年を機にCIを目的にロゴを刷新したある企業で、とりあえず新ロゴを名刺に入れるため印刷会社に発注したが、後になって会社案内やWebサイトも修正が必要と気づき、結果的にコストがふくらんだ」（守山氏）。

そもそも「自社の周年を忘れていた」ケースすらある。守山氏にブランディングを依頼してきた企業を調べたところ、一年後に六十周年を迎えることが判明。周年をブランド構築の柱にするよう改めて提案した。「創業以来長きにわたって積み上げてきた歴史こそが企業のブランド価値。お金で買えない『企業の歴史』をアセットとして積極的に利用してほしい」と指摘する。

失敗が目立つのは周年パーティなどのイベントだ。話題性を狙って著名な歌手や俳優を招いても、その場の盛り上がりだけで終わることが多い。その著名人が企業ブランドに必要な人物なのか。社内でその意向を共有しているのか。「コストをかけて呼ぶ意味があるか、事前に検討してほしい」と守山氏は強調する。イベントの場合、前例があると次の周年で同じ失敗を繰り返しかねない。「イベント後は必ず担当者にアンケートを取り、次回に向けて『振り返り』の記録を残しておくべき」（守山氏）。

周年事業の一つである社史にも、悩ましい問題がある。ある企業の周年事業担当者は同社の創業八十年史を前に「これはもはや凶器」と苦笑いする。幅五センチ、重さ三キログラム。箱から取り出した社史本体は、布張りの表紙に金文字の社名が躍る。本文はざっと千ページ。「これをすべて読んだ人は社内でもほとんどいない」（担当者）。「社長室か応接室の本棚に飾られたまま読まれない年史」のパターンだ。資料としての価値はあるものの、社内外の読者に受け入れられないようでは成功しているとは言いがたい。

三年後に百周年を迎える同社に、「次回は箱ものではなく、検索や保管に便利なデジタル化が望ましいのでは」と問うと、担当者は言葉に詰まった。「私はできれば作りたくないが、百周年のタイミングで止めるとトップやOBに何を言われるか」。担当者の悩みは尽きない。従来型社史の制作を避けられないなら、社員やステークホルダーを登場させる、制作に社員を参加させ一体感を醸成するなど、取り組みを通じてコミュニケーションの活性化をはかるのも一つの方法だ。

周年事業はたとえ失敗しても事件とは言えず、ニュースに取り上げられたり代表者が謝罪をしたりすることもない。しかし企業にとって、周年のチャンスを活用できなかった事実は残る。

周年事業の目的を社内外に浸透させ、一過性のお祭りに終わらせないためにはどうしたらよいか。

「要はブランディング。周年を機に、自社をどのように位置付けたいのかというビジョンを社員全員がしっかり持つこと」と守山氏は指摘する。そのために欠かせないのがコミュニケーションだ。「会社の歴史が持つ意味と未来への構想を、まずは社長が社内外に向けて語るべき」(守山氏)。経営者のメッセージ動画を各部門に向けて配信するのも一つの方法だ。

周年はきっかけに過ぎない。それを機に、いかに自社のブランディングとコミュニケーション改善をはかるか。

「社史は企業の経営戦略の集大成」と語るのは社史研究家の村橋勝子氏だ。村橋氏は日本の既刊社史のうち一万冊の現物を観察、多面的に分析して『社史の研究』(二〇〇二年、ダイヤモンド社)を著し、社史から読み取れる具体的な経営戦略を紹介している。

このように社史を、そして周年を、企業の永続的な成長戦略の好機と考える姿勢が望まれる。

079

響かない「中計」

●形だけの中期経営計画は無駄

企業が三~五年おきにまとめ、公開する中期経営計画(中計)は、企業の成長度合いや株主還元などの情報が盛り込まれるため、投資家からの関心も高い。企業が中計を作成する際、たいていの場合は経営会議で審議し、決定後は社内外に向けて発信する。例えば社員向けには社内説明会を開いたり、イントラネットや社内報で伝達したりし、社外に対してはＩＲ報告書、ニュースリリースなどで公開する。しかしこうした中計の内容が、社内外にしっかり浸透しているとは言えない場合も多いのが実情だ。

フィットネスクラブを展開する企業の広報担当者は「経営者の思いが社員に伝わっていない」と嘆く。「ウェブサイトに掲載している社内報に社長自ら記事を書き、経営の方向を社員に伝えている。ところがサイトへのアクセスリポートを見ると社長の記事をほとんどの社員が読んでいないことが分かった」。

金融情報サービス企業の経営企画室の担当者は「二年前に中計を作ってアナウンスしたものの次第に忘れ去られてしまった。社会の状況も変わってきたので次は現場の社員を中心に据えて中計を作り直すことを考えている」と打ち明ける。

形骸化した中計を疑問視する向きもある。「日本企業の中計は作りっぱなしであることが一番の問題点」と指摘するのは、早稲田大学大学院経営管理研究科（ビジネススクール）の入山章栄准教授だ。「企業の今後数年間の見通しを半年かけて苦労して作っても、そのあと見直さないことが問題である」。不確実性が高く変化が激しいこれからの時代に対応するには、目先のことよりも長期のビジョンが必要だと入山氏は語る。

「経営者は数年先ではなく二十年、三十年先の未来がどうなるかという感覚を持たないといけない。まずこうした数十年先の社会・未来に対するビジョンを持ち、そこに対して自社が生かせる強みは何か、自社のどんな価値を長い目で市場や顧客に提供できるか、という考え方をしていくべき」

さらに入山氏が強調するのは「社内での腹落ち」というキーワードである。経営者の提示したビジョンをまずは社内に浸透させ、経営幹部や社員たちと共有することが必要だ。その上で、一年ごとの予算取りなどの短期計画を立てていくとよい。

日本企業の中計がうまくいかない場合が多いのは「ビジョンの腹落ち」のないままに三年計画を立てるところにある、と入山氏は語る。「例えば新規事業でも、最初の二、三年は新たな部署を設置して鼻息荒く始めたのに、リソースやコストがかかってくると次第に息切れしてしまうことがある。最初に長期のビジョンをしっかり立て、全員が徹底して腹落ちしてトップから社員まで同じ方向を向いてスタートしていれば、途中で多少失敗があっても目標に向かってブレずに進み続けられる」

中計、つまり中期経営計画の「中期」が約三年と中途半端な長さである点にも入山氏は疑問を呈する。「海外の企業は短くても二十～三十年、長いと百年のスパンで世界を見て、ビジョンを社内に腹落ちさせている場合が多い。その上で、もちろんミッドタームプランは作るが、具体的に予算に落とし込むのは一年ベース。つまり『超長期と短期』の両立てになっている」。

日本企業の中計が三年で設定されている主な理由は、社長の任期とリンクしているためだが、「この期間にこだわらず、二十年、三十年といった中計を作ってもよいかもしれない。『中期』

を何年ととらえるかは、企業によって違っていい」と入山氏は指摘する。

重要なのは長いスパンでの経営ビジョンを持ち、それを経営者が現場に伝え、浸透させること。そうしないと社員のモチベーションも上がらない。形だけの中計を作ることに終始するより、企業の未来を作っていくという取り組みがイノベーションにつながる、というのが入山氏の考え方だ。

社内だけではなく社外のパートナーや有識者などが加わって作る方法もある。企業を取り巻く環境を分析する際に、社内で「Ｃｕｓｔｏｍｅｒ（市場・顧客）、Ｃｏｍｐｅｔｉｔｏｒ（競合）、Ｃｏｍｐａｎｙ（自社）」の３Ｃ分析などをすることが多い。これだけでなく社外の有識者やパートナーへのヒヤリングやディスカッションを通じて潜在市場を掘り起こすということも必要だ。自社の業種だけでなく異業種の変化を知るために、異業種交流を行ってトレンドを見極める方法もある。

中計を公開する方法も、相手に合わせて検討すべきだ。冒頭で述べたように社内向けの説明会、社内報や、株主向けのＩＲ報告書、統合報告書のほかに、業界向けに社長対談の記事をメディアに掲載する、展示会を開くなどの方法もある。学生向けには大学での講義や企業と大学との共同研究による訴求、社会に対してはニュースリリースの配信やビジョンを掲載した書籍発行、といった手だてもある。

このように中計で失敗しないためには経営陣がコミットし、世界と自社の未来を俯瞰したビジョンを設定すること、場合によっては社外の知見も導入すること、そして作った中計を社内外できちんと共有することが必要だ。

080 企業メディア炎上

●ネット時代の新たな落とし穴

インターネットの登場は企業と消費者とを結ぶコミュニケーション手段に大きな変革をもたらした。それ以前の企業から消費者への情報発信といえば、テレビのコマーシャルや新聞の広告など、マスコミを通じて行う間接的な手段が中心だった。

しかしネットが普及して以降、企業がウェブサイトやメールなどを使って直接、消費者へ情報を発信できるようになり、企業と消費者とのコミュニケーションは企業側が一方的に情報を発信する関係から双方向性の関係になった。さらにスマートフォンの普及とSNS（ソーシャルネットワーキングサービス）の登場により、企業と消費者のコミュニケーションの双方向性はさらに強まり、言わば「常時接続」の状態となっている。

ネット社会においてはウェブサイトや企業SNSなど、自ら情報を発信できる、いわゆるオウンドメディアの重要性が高まった。同時にネット社会ならではの「炎上」という事態が頻発しつつある。

炎上はネット用語で、発信した情報に対し、ネット上で非難や批判が殺到、収拾がつかなくなる状況を指す。企業の場合、ネット炎上によりブランドイメージが傷つき、場合によっては経営にダメージを与える事態に至ることがある。

炎上事例をいくつか見てみよう。ルミネが二〇一五年にウェブに公開した「働く女性たちを応援するスペシャルムービー」は、内容が女性を差別しているとして、「セクハラＣＭ」と揶揄され、批判が殺到した。動画は翌日に非公開となり、同社はウェブ上にお詫びを掲載した。

二〇一七年、女性タレントを起用したある自治体の観光ＰＲ動画に批判が集中、公開中止に追い込まれた。同年、酒造メーカーの新製品ＰＲ動画にも同様の事態が起きた。いずれも動画の性的表現が物議を醸したものだ。

ツイッターやフェイスブックなどＳＮＳの企業アカウントから流れた発言が炎上することもある。二〇一七年、シャープの公式アカウント「シャープ製品」が、任天堂の商品を値踏みするツイートを出して炎上、アカウントの運営停止に追い込まれた。

ネット炎上が始まると、まず批判の声がＳＮＳやネット掲示板によって拡散し、まとめサイトやニュースサイトにそれらが集約されて掲載され、さらにそれがまた拡散するという循環により、燃え広がっていく。

たとえ企業が動画や発言を削除しても、ネット上にいったん公開されたものは閲覧者によって取り込まれ、場合によっては「ウェブ魚拓」と言われる誰でも半永久的に閲覧できる状態で再公開されてしまう。

社員が発信するコメントで炎上しないように、企業では広報をはじめ情報担当者への教育が必須になっている。例えばゲーム対戦競技eスポーツの関連ビジネスを展開するサイバーゼットは、プロゲーマー向けにSNSのマナー指導研修を始めた。過去に大会チャンピオンのSNS投稿が起こした炎上騒動を受けてのことだ。新興ビジネスが社会から認知され、成長していくために、不特定多数の他者から糾弾される芽を摘んでおく。その準備が必要なのはeスポーツだけではない。

とはいえ、情報発信の目的の一つはネット上で話題となりSNSなどを通じて拡散してもらうことにある。いわゆる「バズらせたい」ということだ。そのため情報発信の担当者、広告担当者はある程度エッジの効いた内容を発信していかざるを得ない。それが行き過ぎると炎上してしまう。

ネット炎上によって企業ブランドにダメージを与えたとしても、業績に大きな影響を与え、経営者の責任が問われる事態にまで発展することは今までそれほどなかった。だが、それは変わってくる。

二〇一六年、大手IT企業ディー・エヌ・エーが運営する健康・医療情報サイト「WELQ（ウェルク）」が問題視され、結果として同社が運営するキュレーションメディア（情報をまとめるメディア）はほぼすべて閉鎖に追い込まれた。新しい事業の柱として期待したビジネスモデルがネット炎上をきっかけに破綻した恰好である。

ウェルクは広告収入を目的としたキュレーションメディアで、情報の正確さよりも検索エンジンで上位に来ることを狙った医療解説記事を量産していた。人の命と健康に関わる問題であることから、企業倫理を問われ、ネット上で批判が相次いだ。その後、エビデンスのない医療用語の解説、別なサイトからの記事無断転載、過度のＳＥＯ（検索で上位に出てくるようにする対策）の内幕、などメディア運営上の問題が次々とネット上で暴露され、大きく炎上することになった。

081 内部情報の暴露

●国が司法取引を導入、内部通報を後押し

二〇一八年六月、他人の犯罪を明らかにすれば見返りに罪が軽くなる「日本版司法取引」が導入された。対象には、詐欺や恐喝、薬物・銃器などの犯罪のほか、贈収賄や脱税、カルテル、談合、粉飾決算、インサイダー取引などの経済犯罪が含まれる。今後、複数企業が絡む犯罪などで企業側が進んで司法と取引し、従業員を守ろうとするケースが増えると予想される。

ただし政府は新制度を「司法取引」ではなく、「協議・合意制度」と呼んでいる。今回認められたのは、他人の事件の捜査や公判に協力して見返りを得る「捜査公判協力型」の司法取引である。司法取引には、自分の罪を認める代わりに有利な取り扱いを受ける「自己負罪型」もあり、米国では両方が認められているが、日本では今のところ「捜査公判協力型」だけだ。

一方、米国では二〇一五年末、自動車の欠陥に関する内部告発制度「自動車安全公益通報者法」が成立した。この法律により、開発段階で米自動車安全法への違反がある場合、従業員が米司法省と米運輸省、米連邦捜査局（ＦＢＩ）に直接告発できる。米政府は会社側に、告発者の地位保全を命じる。米当局が直接、内部告発を募ることで、品質不正を未然に防ぐ狙いだ。

告発内容によって米当局がメーカーの違反を摘発し、その罰金が百万ドル（約一億千万円）を超えた場合、告発者に罰金の十～三十パーセントが支払われる。

公益通報者法はタカタの欠陥エアバッグ問題を契機に設けられた。適用第一号はタカタの元社員二人で報奨金は百十三万ドルという。同法は車メーカーだけではなく、車メーカーと取引がある素材メーカーにも適応される。

日本版の司法取引や米国における内部告発制度により、日本企業においても、いわゆる内部告発が従来以上に増えるとみられている。二〇一八年に製品データ改竄などの不祥事が相次いだが、社員や元社員の告発で発覚したものが少なくなかった。

政府は企業の不正を監視できる仕組みを確立しようと、内部通報制度の整備に動いている。消費者庁は企業の内部通報制度の実効性を評価するなどして、適切な運用をしている企業にお墨付きを与える認証制度を二〇一八年九月に始めた。通報があったとしても適正な調査が行われないなら内部通報制度は骨抜きになってしまうからだ。

内部告発においてもインターネットは大きく影響する。ネット誹謗中傷・風評被害対策サービスを手がけるエルテスの國松諒ソリューションプランニング部マネジャーは「ここ数年、事例が顕著に増え続けているのが暴露だ」と語る。

暴露とは企業内の事実やデータを明記した具体性の高い書き込みを指す。内部告発の意図があったかどうかはともかく、結果として告発と同等の結果をもたらす。

二〇一六年に起きた電通女性社員の過労死は、関係者が経緯などをネットに書き込んだことから大きなニュースとなった。東レ子会社の東レハイブリッドコード（ＴＨＣ）が製品検査データを改竄していた問題も、関係者のネットへの書き込みが発端となって表沙汰になった。

暴露の対象になる事件や事象の多くは企業のグレーゾーンとして、かつてはある程度まで黙認されていた。しかし、法的に問題があるのであれば隠しておくわけにはいかない。

四章でも触れたように、企業はガバナンス（統治）に一段と注力する必要に迫られている。簡単ではないが内部通報制度などを使って、企業として問題を見つけ、自ら発表していくことが求められる。企業が関知していないところで暴露されてしまうと、企業は二重にダメージを受ける。

オープンかつ公平なビジネス手法や人事制度に力を入れるとともに、社員の士気やモラルを高める取り組みをして、それらを内外にはっきり示すことが欠かせない。内部通報制度を導入したものの実績が上がっていない企業が多いが、社員から「自社やその制度は信用できない」と思われていることが最大の理由だ。

暴露に踏み切りかねないのは、企業内の正社員、非正規社員、アルバイトだけではない。その家族や退職者、取引先などの関係者も情報を持っている。こうした人々を監視することなどできない。企業が襟を正し、良い会社になろうという努力を継続することが根本的な対策と言える。

082 不意打ち口撃

●口コミが背後から襲いかかる

内部告発や暴露はなんらかの意図があって行われるが、そうではなく従業員の単なる不用意な書き込みや投稿が思わぬ被害を引き起こすこともある。

ある銀行では芸能人が来店したことを行員の家族がネットに投稿してしまい、炎上した。顧客の守秘義務を扱う金融機関にとって致命的な問題として、その銀行は再発防止に取り組む姿勢を打ち出した。

自動車メーカーの工場従業員が、勤務地や職務内容を明かした上で、発売前の新型車情報を画像と共に投稿するという驚きの事件も起きた。同様に新商品のデザインやネーミングを流す例もあり、こうなると罪を問われる事件になってしまう。

同じような炎上騒動は業界を問わず発生しており、後を絶たない。この手の問題を起こす従業員の多くは悪意を持っているわけではない。独り言のつもりで軽率にSNSに情報を発信して、騒動になって初めて重大さを認識するケースが大半だ。それだけに企業にとっては思わぬ

〝口撃〟になり、不意をつかれることになる。

従業員による制御不能な口コミの影響は無視できないレベルになりつつある。例えば就職情報の口コミサイトでは、就職、転職希望者の多くが、社員あるいは元社員が書き込んだとされる口コミ情報を見て、その会社に就職するかどうかを判断する。

社員の年齢構成や在籍年数、給与体系、女性管理職の数、採用面接でのやり取りといった人事情報がネットに流れることは内容によってはイメージダウンにつながりかねない。労務環境に関する書き込みのため採用計画が滞り、欲しい人材を取れなくなるのは企業にとって痛手だ。

こうしたことから採用担当者は、就活・新卒採用のクチコミサイト「みん就（みんなの就職活動日記）」や、社員口コミと求人サイト「ＶＯＲＫＥＲＳ」をこまめにチェックし、自社に対する書き込みを確認している。

米国では口コミサイトの投稿に経営者自身が反応し始めている。キャリア情報サイト大手の米グラスドアでは、匿名の投稿に対しても真摯な姿勢でコメントを返すＣＥＯ（最高経営責任者）が登場、支持率を高める傾向にあるという。

口コミ情報から読み取れる従業員満足度と業績は関連するという指摘もある。信用調査会社のクレジット・プライシング・コーポレーションと社員口コミサイトのＶＯＲＫＥＲＳは、口コミ情報を基に企業の組織文化を定量評価するインデックスをつくった。企業風土についての書き込みがポジティブかネガティブかをディープラーニングを使って解析し、そのスコアと企業収益率の相関関係を算出、金融機関向けにデータを提供している。

〝口撃〟で恐ろしいのは、ある日突然、事実無根の誹謗中傷で不意打ちを食らうことだ。

東名高速道路の危険運転で死亡事故が発生した後、容疑者の勤務先として、ある建設会社の名前がネットに書き込まれたが、まったくの無関係の会社だった。にもかかわらず、その会社の関係者はネットに書き込みされた直後から、脅迫電話がかかってくる、取引先からの信頼を失う、といった被害を受けたという。

ネットやSNS上に投稿された企業イメージを損なう書き込みを放置しておくわけにはいかない。弁護士など専門家に相談して早めに削除申請を出すことで被害を抑制したいが、これがなかなか難しい。

まず一般企業が広大なネット上の口コミを監視することはほぼ不可能だ。そこで口コミサイトを監視する企業が登場している。例えばイー・ガーディアンはコンピュータを使って、口コミサイトを二十四時間監視し、反社会的な誹謗中傷や不適切な内容の投稿を見つけ出すと、サイト運営者に通報し、削除要請を出す。

ただし、口コミサイト上で削除できたとしても、検索エンジンに情報が残ってしまう場合がある。

二〇一八年一月、東京地裁はあるインターネット関連会社が申請していた削除要請を棄却する判決を下した。同社は、自社の社名を検索すると「詐欺師」「だまされた」などと表示されるとし、名誉毀損で米グーグルに削除を要請していた。

訴えを退けた判決の根拠は、検索結果を提供する表現行為は私人の名誉権に優先する、というものだった。名誉毀損を理由に削除を命じる要件として、検索結果が真実ではなく、重大で回復困難な損害が生じる恐れがある場合、と示された。

この裁判で原告は「詐欺まがいの事業はしていない」と訴え、グーグル側は「国民生活センターに相談事例があることから検索結果は真実であり名誉権を侵害していない」と主張していた。

083

火消し失敗

●謝り方を間違うと再炎上

火は最初から大きいわけではない。小さいうちに消せれば炎上被害は避けられるはずだが、消火は容易ではない。準備が足りないと、火消しに失敗し、逆に火を大きくしかねない。

従業員が投稿した悪ふざけ写真が物議を醸したあるホテルでは、問題が起きた後に出した謝罪文面が再炎上を招いた。件の写真は、厨房のシンクに湯を張り、従業員が裸で入浴したもの。これに対し、ホテル側が出した謝罪文には、湯に食器は触れていない、健康に害はないという弁明だった。事の発端は従業員のモラル不足だったが、ポイントのずれたホテル側の謝罪により、批判の書き込みが急増してしまった。

ネットやSNSでの評判や口コミは収益を増やす好材料にもなるが悪材料にもなりえる。炎上の際の火消しに失敗すると、評判が直接、稼働率に影響するホテル業界や飲食業界にとって生命線に関わる問題になる。

炎上問題に詳しいエルテスグループの一社、エルテスキャピタルの安達亮介取締役によると、火消しに失敗する要因は謝罪の内容にある。謝るポイントがずれていたり、自分たちは悪くないという一文を謝罪文に入れたりすると、日本では誠意がないと見なされ、再炎上しやすい。

生徒が教師に暴行する動画が問題になったある学校は、常々SNSの危険性は指導してきた、というポイントのずれたコメントを出し、炎上させた。その後さらに再炎上することになるのだが、それは酷似する他校の謝罪文の存在が明らかになったからだった。一度使われた謝罪文をコピーすると、インターネット検索ですぐにばれてしまう。

084

危機管理広報の危機

●「たいしたことではない」は禁句

品質データ改竄、異物混入、情報漏洩、不正会計など、不祥事やコンプライアンス違反が目立つ。リスクが実際に危機として発生してしまった場合、ダメージの最小化を図るクライシスマネジメント（危機管理）が発動される。

ところが危機管理で重要な、迅速かつ適切な広報の対応を誤ると、著しいブランドの毀損など、本来の対価を超えた代償を払うことになってしまう。

一例が川崎博也会長兼社長（当時）が辞任することになった、神戸製鋼の製品データ改竄である。二〇一七年一〇月、アルミ・銅製部材の品質検査データの改竄が発覚した。危機管理広報に注目すると、経営トップが不正を知ってから公表まで一カ月以上経っていたことに加え、情報開示が小出しでメディアの指摘に対する追認が繰り返された。さらに「（今回の問題は顧客との契約上のことであり）法令違反には当たらない」といった事件の矮小化と受け取られかねない発言があった。

危機管理広報は古くて新しい経営課題だ。過去のミスでよく知られているのが、二〇〇〇年の雪印乳業（現・雪印メグミルク）の集団食中毒事件の対応であった。製品回収や記者発表が後手に回ったことに加え、社長による「私は寝ていない」という発言が非難を浴びてしまった。

さらに危機管理広報を巡る変化が生じており、企業がそれにも対応しなければならない。経済広報センターの佐桑徹常務理事・国内広報部長によれば、「社会環境の変化に伴い、危機は多様化し、より迅速な対応が求められるようになっている。想定外の事件も増えており、過去のノウハウが通用しづらいケースも多い」。

変化の第一はリークの問題だ。前述した暴露である。終身雇用制が揺らぎ、企業に対する社員の忠誠心は低下していると言われる。情報を社内に留めることは難しくなっている。

第二はＳＮＳの発達だ。炎上問題についてはすでに触れた。これまで広報すべき対象はステークホルダー（利害関係者）だとされてきたが、SNSの普及により、直接利害のない一般の人も広報の対象になっている。

第三はコンプライアンスに対する社会の意識の変化である。これまで当然のことと考えていた慣習や通念が、いつまでも受け入れられるとは限らない。「以前なら菓子折りを持って謝りに行けば済んだかもしれないクレームでも対応を誤ると重大な危機につながることがある」（佐桑部長）。

実際に不祥事が起きた時、損失を最小限に抑えるには、どのような対応が必要か。危機管理広報コンサルタントの大森朝日氏が指摘するのは、初期対応の大切さだ。

「危機管理広報のポイントは、事件の重大性を迅速かつ的確に判断し、社会に納得してもらえる着地点を見据えながら事態の収束に当たること。初動の見積もりを誤ると、守れるものも守れなくなる危険性が高まる」

誤りがちな例として大森氏が挙げるのが事案の矮小化である。「いざ不祥事に直面すると『たいしたことではない』『安全性に問題はない』など、情報公開に後ろ向きになる声が出がちだ。しかし、それを判断するのは自社ではなく、社会であることを忘れてはならない」。

第九章筆者名一覧

日経BP総研　コミュニケーションラボ

中須譲二

大塚　葉

江田憲治

藤野正行

徳野健一

原田かおり

第十章

AI（人工知能）利用のリスク

ーITに伴う懸念

085

学習データ汚染

●作業の八割はクレンジング

二〇一〇年代に入りＡＩへの注目度を一気に高め、実用が広がるきっかけとなったのが、ＡＩの一分野である機械学習、中でもディープラーニング（深層学習）の台頭である。二〇一二年、トロント大学のジェフリー・ヒントン教授らのグループがディープラーニングを用いることにより、画像認識の精度を競うコンテストで過去の優勝記録を大幅に上回る成果を得た。その後、技術はさらに進化し、数年で人間の認識率を超えるようになった。

ディープラーニングは極めて大きな可能性を持つが、何も学習していない状態のＡＩは生まれたばかりの赤ちゃんと同じだ。何も知らないのだから何もできない。賢くなるには相当量のデータを学ばせる必要がある。例えば金融サービス業が「お金を借りに来た人がどれくらいの確率で全額を返済してくれるのか」を知るには、膨大な過去の取引データが必要になる。

ディープラーニングが台頭したのは、コンピュータの計算能力の向上と共に、コンピュータが学習するのに十分な量のデータが得られるようになってきたからである。データ収集の点で現在優位にあるとされるのが、グローバルなネットサービスを手がける米国のグーグル、アップル、フェイスブック、アマゾン・ドット・コムのＧＡＦＡ４社である。４社は検索、スマートフォンアプリ、知人間のコミュニケーション、通販といった領域でそれぞれ圧倒的なデータを抱えており、その分析をもとに利用者の行動を先読みし、購買や消費を促している。

ディープラーニングの精度を高めるには「良いデータ」を学習させることが不可欠である。逆に「悪いデータ」を学習させてしまうと精度が上がらないばかりか、とんでもない事態を招く恐れがある。

米マイクロソフトのチャットボット（対話をするソフトウエアロボット）Ｔａｙはその一例である。ＴａｙはＡＩに人間の会話を学ばせる実験のために開発された。ツイッターなどＳＮＳ上で利用者とおしゃべりをする。Ｔａｙは二〇一六年三月二十三日から利用可能になったが、その後の十数時間のうちに人種差別・性差別の発言をするようになってしまった。これに気づいたマイクロソフトが翌二十四日、調整のためＴａｙの利用を停止する事態になった。

Ｔａｙが不適切なメッセージを出すようになった原因は、一部の利用者がＴａｙに向かって差別的な発言を繰り返し、それらをＴａｙに学習させたこと。この例は一部の利用者がわざと不適切なインプットをしたという特殊な面もあるが、ＡＩに悪いデータを学習させるとどんな危険があるのかを端的に示している。

問題を避けるには、学習の前段階として学習データを「クレンジング」することが不可欠となる。クレンジングは、ＡＩに学習させるデータの中から不適切なものや欠損があるものを取り除き、ＡＩが正しく学習できるようにデータを「きれいにする」作業だ。非常に手間がかかるため、クレンジングにかかる時間がＡＩの仕組みを構築する作業全体の八割以上に達することもある。Ｔａｙのように利用を始めた後、追加学習させる場合にもデータはクレンジングする。

クレンジングにあたっては悪いデータを学習しないよう、事前に排除する。Ｔａｙの例なら差別的な会話の結果は学習の意図に合わないデータとして取り除く。人間が正しく判断できないようなデータも使わない。犬の画像を識別しようとしているなら、犬が非常に小さく写っている、アングルが悪いなどの理由で人間が見ても犬に見えない画像は削除する。

一般的なデータクレンジングと共通する作業もある。例えばアンケート調査の結果を学習データとする場合、すべての質問項目に対して回答があるとは限らず、一部に欠損のあるデータが混在している。このような時、欠損のあるデータを削除し、回答漏れのない学習データを学習させる。欠損が多すぎて学習データの数が著しく減ってしまう場合、平均値など別の値で置き換えることもある。

色々なソースから学習用データをかき集めてきた場合にはデータの中身と表記を揃えておく必要がある。自社システムのデータや有償・無償の各種公開データをはじめ、公開されている学習済みＡＩとそのデータも利用できるが、データの形式の違いや表記のゆれがあることが多い。表記のゆれとは、同じものを違う言葉で表していたり英字や片仮名の全角と半角が混在していたりすることを指す。

086 技術者不足

●年俸一億円超でグローバル争奪戦

ＡＩと言った場合、実体はディープラーニングなど機械学習や自然言語解析などを用いた情報システムになる。そうしたＡＩ利用の巧拙が企業の競争力を左右する時代を迎えているが、データ汚染を始め、ＡＩには数々の不確実性がつきまとい、ＡＩの仕組みを作れるかどうかですら確かではない。

まずＡＩの技術者が足りない。ＡＩ人材の争奪戦は激しさを増しており、大手システムインテグレーターからネットベンチャーに至るＩＴ企業はもとより、製造、金融、流通といったＡＩの利用企業もあの手この手で優秀なＡＩ人材の確保を急いでいる。

だが、質・量ともに十分なＡＩ人材を確保できているのは、ほんの一部に過ぎない。日経コンピュータが二〇一七年秋に実施したアンケート調査では回答企業四十四社の九割が「足りない」と答えた。経済産業省はＡＩやＩｏＴなどを担う先端ＩＴ人材が二〇二〇年に四万八千人不足するという数字を公表している。ＡＩは一九九〇年代から冬の時代に入り、二〇一〇年ごろまでそれが続き、この間、大学や産業界はＡＩ人材をなかなか育成できなかった。

世界的に見てもＡＩ人材の不足は深刻だ。中国ＩＴ大手のテンセントらが発表した「２０１７

グローバル人工知能人材白書（2017全球人工智能人才白皮）」は全世界で活動しているＡＩ人材は約三十万人と推定、求められる百万人から遠いと報告した。

ＡＩ人材の確保で手っ取り早いのは社外から即戦力を招くことだが一筋縄ではいかない。国内の転職市場にはＡＩ人材はほとんど出てこないし、仮に出てきてもかなりの高待遇が求められる。

米国におけるＡＩ人材の年俸は邦貨にして数千万円以上が当たり前、新たなＡＩの理論やアルゴリズムを開発できるトップクラスの人材は最低でも一億円を超える。国境を超えた争奪戦が繰り広げられているＡＩ人材に対し日本企業の給与体系でこれだけの待遇はなかなか示しづらい。衣料品通販サイト「ゾゾタウン」を運営するＺＯＺＯ（旧スタートトゥデイ）は二〇一八年四月に設立した技術子会社の求人で「七人の天才と五十人の逸材求む」と銘打って、年収を最大一億円に設定して人材を募集したが、こうした企業は日本ではまだ例外だ。

ＡＩ人材の需要が供給を大きく上回る状況で報酬額は今後も高騰を続けるだろう。前出の「2017グローバル人工知能人材白書」は世界の教育機関から出てくるＡＩ人材は年間二万人程度と報告した。埼玉工業大学のようにＡＩ人材を育成するためのコースを設ける動きもあるが同コースの定員は四十人である。

自前の人材育成に取り組む企業もある。例えばダイキン工業は六百人以上のＡＩ人材を新たに育て上げ、二〇二〇年までに七百人体制にする目標を掲げ、社内育成プログラム「ダイキン情報技術大学」を開講した。大阪大学の教員を講師として招き、社内の研究開発部門と協力し独自カリキュラムを組む。二〇一八年四月入社の理系社員百人は二年間、特定の部署に配属せず、同大学に通わせるということからも力の入れ具合がわかる。

ＡＩ人材のグローバルな争奪戦を勝ち抜き、将来の生存競争に向けたスタート台に立つためには、ＡＩ人材の採用や育成とともに、処遇を真剣に考える必要がある。せっかくＡＩ人材を採用あるいは育て上げても外部に引き抜かれてしまう恐れがある。もちろん研究内容の先進性や開発する製品・サービスのインパクト、会社のビジョンなども重要だが、だからといってＡＩ人材の待遇改善を怠って良い理由にはならない。

087 ＡＰＩ非公開

●エコシステムから外れ、誰にも使われない

ＡＩを組み込んだスマートスピーカー、いわゆるＡＩスピーカーの普及に拍車がかかっている。出荷台数は大きな伸びを記録し、家庭のデジタル接点としてスマートフォンに取って代わるとの観測もある。ＡＩスピーカーに「明日の天気は」「今日の日経平均株価は」などと話しかければ音声ＡＩが反応し、スピーカーから答えを返す。

アマゾンの「エコー」、グーグルの「グーグルホーム」をはじめ、国産メーカーもＡＩスピー

カーを投入している。先行するアマゾンやグーグルは音声ＡＩの「ＡＰＩ（アプリケーションプログラミングインターフェース）」を公開し、ＡＩスピーカーと連携できるデジタル家電や新サービスの開発を促している。

ＡＩはそれ単独で機能するものではない。製品やサービス、情報システムと連携し、それらの価値を高めるためにＡＩは使われる。そこで重要になるのは「つながる」ことだ。そのための仕掛けがＡＰＩ公開である。

ＡＰＩ公開とは、ある処理をするアプリケーションソフトウエアの機能を外部の別のソフトウエアから利用できるようにすること。先の例ではＡＩスピーカーの音声ＡＩと家電に搭載したソフトウエアをつなげている。

グーグルなどが提供している地図情報サービスはＡＰＩが公開されており、それを利用することでレストラン情報提供サイトなどは店舗の場所を示せる。ＩＢＭやマイクロソフトなど大手ＩＴ企業が提供するＡＩソフトウエアもＡＰＩ公開がなされており、一般企業がそれを使い、自分の仕組みにつなげることができる。

金融業界ではＡＰＩ公開によって新興のフィンテック企業が新たなサービスを展開中だ。例えば、マネーフォワードは銀行のＡＰＩを家計簿サービスに利用している。ＡＰＩを介して、個人の日々の引き落としや振り込み履歴を家計簿上で表示する。

二〇一七年六月に成立した改正銀行法はすべての銀行にＡＰＩ公開の努力義務を課した。その結果、二〇一八年八月時点で百二十八行がＡＰＩ公開の導入を表明している。インターネットバンキングを提供していない銀行を除いたすべての邦銀がＡＰＩ公開に取り組む形となった。

家電業界や自動車業界でもＡＰＩ公開は進んでいる。エアコン、テレビ、照明機器、錠前などを操作するサービスのＡＰＩをメーカー各社が公開し、スマートフォンやパソコン、ＡＩスピーカーから操作できるようにしている。自動車業界ではトヨタが完全自動運転車によるコンセプト「イーパレット」を二〇一八年一月に発表した際、自動運転や車両管理、動態管理のためのＡＰＩを公開、イーパレットの車両を使ってサービスを提供する会社が使えるようにする方針を明らかにした。すでにウーバーやピザハットなど数社がサービスの提供会社として名乗りを上げている。

ＡＰＩ公開を介して複数の企業がサービスを作り上げていく状態を「ＡＰＩエコノミー」と呼ぶ。ＡＰＩエコノミーによる市場規模について米ＩＢＭは二〇一五年、「二〇一八年に二兆二千億ドル（約二百五十兆円）になる」と試算した。

ＡＰＩ公開が進む理由は、求められるサービスが高度化し、一企業で実現することがもはや難しいからだ。各企業は得意分野に注力し、ＡＰＩを介した緩やかな協力によってサービスの提供を実現する。こうしたエコシステムづくりが重要で、逆に企業がＡＰＩ非公開の方針を取ればこの流れから外れ、誰にも使われないものになっていく。

ＡＩの活用が広まるなか、ＡＰＩ公開が一層重要になってくる。エコシステムに参加し、多くの利用者に自社サービスを利用してもらうことで、利用者の動きや好みという貴重なデータとして蓄積できるからだ。このデータをＡＩに学習させ、サービスの向上や新たなサービスの展開に生かしていく。ＡＰＩを通じて得たデータが多い企業が競争優位に立ち、ＡＰＩ非公開によって出遅れた企業との差は開いていくだろう。

088 基幹システム非連携

●本業の真ん中で使えない

第三次ＡＩブームのなか、多くの企業でＡＩを採用したシステムが次々に構築されている。今後、より本格利用していこうとすると、企業の生産や販売、会計などを支える基幹システムとの連携が必要になってくる。しかしこれが容易ではない。基幹システムとの連携問題はＡＩに限らず、新たなデジタル技術を使う際に付きまとう。

情報システムをＳｏＥ（System of Engagement）とＳｏＲ（System of Record）に分ける考え方がある。ＳｏＥは、ＡＩ、ＩｏＴ、ビッグデータ、モバイルといったデジタル技術を使い、顧客と「つながる」（エンゲージメント）ためのシステムである。ＳｏＲは直訳すると「記録のシステム」であり、従来の基幹システムを指す。

ＡＩをはじめとするＳｏＥと従来のＳｏＲを連携させることで新たな価値を生み出せる。例えば基幹システムに蓄積された顧客の購入履歴データをＡＩで分析し、お勧め商品を電子商取引サイトに表示させ、提案に最適な時期を営業担当者に通知する。

あるスポーツアパレルメーカーはＩｏＴの仕組みを使って顧客の運動量や健康状態のデータを取得し、ＡＩで分析、顧客ごとのアドバイスを提供、満足度を向上させている。さらに基幹システムの購入履歴データと突き合わせ、最適なタイミングで次の商品を提案しようとしている。

ＳｏＲとＳｏＥの連携が難しいのは双方のシステムの性質の違いによるところが大きい。開発のやり方もライフサイクルもデータの形式も異なるからだ。

ＳｏＲは停止すると業務が滞ってしまうので、安定稼働とセキュリティを重視して作られ、運用されており、機能拡張には慎重にならざるを得ない。システム開発に数年をかけ、十年運用するといったことも珍しくない。基幹システムは自社で保有するコンピュータの上で動かすのが一般的だ。扱うデータは数字や文字が大半である。

これに対しＳｏＥは迅速にサービスを提供し、常に変化させる必要がある。システムを小単位に分け、動かしては確認し、すぐ直す、といったことを繰り返して開発を進めていく。クラウドコンピューティングの普及に伴い、自社の外にあるクラウド上でシステムを動かすケースが増えている。データは数字や文字に加え、音声、画像、動画まで扱える。

もう一つ、連携を困難にしているのは技術者の不足である。ＳｏＲを手がけてきた技術者が減少している。また、ＳｏＥのシステムを現場の事業部門がＳｏＲを担当する情報システム部門（ＩＴ部門）を関与させずに、社外のＩＴ企業に発注するケースも増えている。ただしＩＴリサーチ大手のガートナー ジャパンは「二〇二〇年までに、非ＩＴ部門が単独で進めるＩＴプロジェクト（開発・運用・保守）の八十パーセント以上が、結局はＩＴ部門の支援・助力を求めざるを得なくなる」と予測している。

089 制度対応

●続々と続くシステム改修

人材不足やＡＰＩ公開、基幹システム連携に加え、基幹システムの改修が相次ぐこともＡＩ利用に影響する。主に法制度の変更により、基幹システムを手直ししなければならない。その作業に人をとられ、ＡＩどころではなくなる恐れもある。

例えば、元号改修が二〇一九年五月一日に実施される。二〇一九年十月に消費増税があればそれに伴って軽減税率の処理をシステムに取り入れる。消費税の導入はシステムだけではなく店頭対応や経理事務にも影響する。

またクレジットカード決済のセキュリティ強化もある。二〇一八年六月に施行した改正割賦販売法により、ＰＣＩ ＤＳＳと呼ぶセキュリティ標準に準拠することが求められている。対面店舗の場合、二〇二〇年三月が期限である。

金融機関は前述の改正銀行法によるAPI公開に加え、二〇一八年十月から始まる全銀システムの二十四時間三百六十五日稼働への対応がある。銀行間決済を担う全銀システムへの参加は任意だが八割超が参加意向を示しており、システムはもちろん顧客問い合わせやセキュリティ監視も含めた二十四時間三百六十五日対応に取り組むことになる。

090 想定外の不適切判断

●間違いをゼロにはできない

人材を確保し、AIをなんとか開発し、必要なシステムと接続し、動かしたとする。設計の意図通りに動作していたとしても、ときに想定外の場面でAIが「不適切な判断」を下してしまう恐れがある。それが金銭や人命が関わる領域で顕在化すると、たった一回の不適切判断であったとしても、AIを採用した企業そして開発者の信用を著しく毀損し、損害賠償請求に発展しかねない。

AIが誤判断をした例として、米国で二〇一八年五月、アマゾンのAIスピーカー「エコー」が家庭のプライベートな会話を連絡先の一つに送信したトラブルがある。家族同士の会話をエコーが自分へのリクエストと聞き間違え、知らぬ間に外部に電話をかけ、家族の会話を流してしまったという。

このトラブルの原因は明らかになっていないが、いくつかの誤判断が重なって引き起こされたとみられている。まず家族の会話の中に「アレクサ」と聞こえる音声があった。「アレクサ」はエコーを起動するための言葉であり、実際に起動した。さらに「メッセージ送信」のリクエストのように聞こえる音声があり、エコーは「誰に」と応答したという。家族は気づかず会話を続け、エコーは自身に登録されている連絡先の一人と一致する名前を会話の中から認識した。そこで「○○さんですね」と確認を求め、家族の会話の中から「はい」と聞こえる音声を認識、メッセージ送信を実行した。

以上の通りだったとすると、アマゾンのAIスピーカーは家族の会話の中から特定の音声パターンを設計の意図通りに聞き取り、確認の手順を踏んで処理を進めたことになるが、結果として不適切な処理を実行してしまった。

アマゾンのエコーは二〇一七年にも、米国で想定外の振る舞いを示したと報じられている。六歳の子どもがエコーにドールハウスをねだり、親の知らぬ間に注文が成立してしまったというニュースをテレビのアナウンサーが伝えた。その際、「アレクサ、ドールハウスを注文して」という言葉が出たが、テレビの視聴者宅の居間にあったエコーが一斉に反応したという。このケースもアナウンサーの言葉を正しく認識したにもかかわらず、混乱を招いてしまった。

AIのソフトウエアを改善し、より多くのサンプルをAIに学習させることによって、こうした問題に対処することはできる。前述の例で言えば人間の会話が操作指示なのかどうかを判断できるようにしたり、声の主が近くにいる人かテレビなのかを区別したりできるようにすれば上記のようなトラブルは減らせるだろう。

しかし、ＡＩが不適切な結果を招いてしまう確率をゼロにすることはできない。事前に起きる事象を予測し尽くすことは不可能だからだ。ＡＩに判断させようとする対象そのものが変化する可能性もある。対象の変化が速くても遅くてもＡＩに学習させるためのデータが十分に集まらない時期は必ずある。

未知の状況に直面したとき、適切な判断ができるとは限らないのは人間も同じだが、人間は間違いに対し責任をとれる。ＡＩにどこまでの判断を委ねるのか、技術以外の検討も必要になってくる。

091 プライバシー侵害

●個人データをどこまで使ってよいか

ＡＩスピーカーにはセキュリティの問題もある。二〇一七年八月、英国のハッカーがアマゾン「エコー」の旧モデルにネットワーク経由で浸入し、盗聴器に変えてしまう手法を公表した。エコーの現行モデルは侵入できる箇所（セキュリティホール）をふさいだという。ただし、ＡＩ

スピーカーの中身はコンピュータなので、スマートフォンやパソコンと同様、別のセキュリティホールが見つかる恐れはつきまとう。

ＡＩスピーカーにはプライバシーに関わる懸念もある。ＡＩスピーカーが利用者の音声データを収集する仕組みを持つからだ。データはスピーカーではなくアマゾンやグーグルのクラウドサービス側に蓄積される。ＡＩにとって音声データの蓄積が多ければ多いほど、その利用者の声をよりよく聞き分けられる。

二年ほど前、二〇一六年十二月に米アーカンソー州で起こった殺人事件を捜査するため、警察がアマゾンに対し、収集した音声データの提出を求め、アマゾンは最終的に応じた。ＡＩスピーカーの利用者を特定できる形で音声データが保管されていることが明らかになった。

家の中で交わされる会話がＡＩスピーカーを通して外部に筒抜けになるのではないかといった疑いについてアマゾンもグーグルも明確に否定する。ＡＩスピーカーは利用者が発した特定の合い言葉をきっかけに動き出す仕組みであり、電源が入っているというだけで常に音を記録する装置ではない。

だが、いったん呼びかけてＡＩスピーカーと対話した場合、その音声データは外部に保存される。「音声病態分析」の専門家の手にかかれば健康状態を音声データから把握できるという。音声病態分析の技術を駆使すれば、次のような事態が起こりうる。ＡＩスピーカーの利用者はある病気を患っていたが、医師以外に明かしておらず、その病気に関連するサービスや商品を購入したことも一切無かった。ところが、ある日から、その病気への対策をうたう商品のダイレクトメールが届くようになった。驚いた利用者はメールを発送してきた企業をプライバシー侵害で非難する。

また、声の主が就職活動中の学生で、そこから判断された健康情報を志望先企業が利用したとしたら人権問題にもなり得る。様々なケースが想定できるが、音声情報が発端と分かれば騒動の拡大は免れない。

健康状態や趣味といった個人の特定の側面を評価し自動判断することをプロファイリングと呼び、欧州は二〇一八年五月に発効した「一般データ保護規則」（ＧＤＰＲ）によって一定の規制をかけた。一方、日本の個人情報保護法でプロファイリング規制の扱いは曖昧である。ＡＩスピーカーをはじめ、インターネットサービスやＡＩを巡るプロファイリングの是非やプライバシー侵害の問題はまだまだ議論が続くだろう。

092 悪用

●テロリストや犯罪者の利用を防げるか

戦略防衛コンピュータシステムである「スカイネット」が自我に目覚め、人間を攻撃し始める。一九八四年に公開された映画「ターミネーター」のストーリーだが、ＡＩの暴走による危険性は以前から映画や小説のネタとして使われてきた。そして今、ＡＩによる脅威が実際に討論の場で語られている。

米テスラ・モーターズのイーロン・マスクＣＥＯは「ＡＩは未来において最も危険な存在だ」と主張する。一方、米フェイスブックのマーク・ザッカーバーグ会長兼ＣＥＯは「ＡＩが終焉をもたらすという脅威説は理解できないし、そう唱える人を無責任だと思う」と、ある番組のインタビューで答えた。それに対しマスク氏はツイッター上で「ＡＩの危険を考えたことが無いなら、今すぐすべきだ」と反論した。

ただし彼らはスカイネットのような自我に目覚めたＡＩではなく、統計手法やディープラーニングを用いただけのＡＩについて議論している。それでも人が悪意を持ってＡＩを悪用した場合、「危険な存在」になるからだ。

二〇一八年二月、「The Malicious Use of Artificial Intelligence: Forecasting, Prevention, and Mitigation」（ＡＩの悪用：予測、予防、緩和）といった論文が発表された。マスク氏が始めた非営利団体「ＯｐｅｎＡＩ」をはじめ、十四団体から二十六人の研究者が参加し、想定されるＡＩの悪用例と対策を百ページにまとめたものだ。

例えば、ある管理システムの管理者が鉄道模型の趣味を持っている。鉄道模型の広告を模した悪意あるメールが送られ、それをクリックしたところ、管理システムの管理権限を奪われてしまう。特定個人の趣味を見つけるためにＡＩが悪用され、従来よりもサイバー攻撃が容易になるというシナリオだ。ドイツの財務大臣がロボットによって暗殺される例も示している。市販の清掃用ロボットに爆発物を仕込んで財務省に送り込み、財務大臣の顔を認識したら接近して爆発する。同論文は電子的、物理的な脅威のほか、ＡＩによって画像や文章を合成し、世論形成に悪用する危険についても指摘した。

ＡＩが普及し、比較的容易に高度な処理が可能になりつつある。ドローンやロボット、自動車といった物理的な機器にも組み込まれている。想定外の不適切判断や意図せぬプライバシー侵害に加え、テロリストなどによるＡＩの悪用についても、社会の問題として研究者や開発者、企業、政府などあらゆる方面から取り組む必要がある。

企業としては、ＡＩを使った製品・サービスを作って提供する側、それを使う側のいずれの立場においても、悪用に対する配慮をしなければ責任を問われかねない。だがこれは容易なことではない。ＡＩを使わなければ採用したライバルに遅れをとるかもしれないし、大胆に利用すれば悪意ある犯罪者に目を付けられるかもしれない。ＯｐｅｎＡＩを始めたマスク氏はＡＩを利用するテスラの経営者とＯｐｅｎＡＩ幹部職の兼務は利益相反になりかねないとしてＯｐｅｎＡＩ幹部を辞している。

093

新・打ち壊し

●従業員の反発や企業ブランドの毀損

機械が人間の仕事を奪う。過去のみならず未来においても不変の構図である。生活の手段を奪われ人生を変えられた人間は困惑し、反撃に出ることもある。同じ境遇の人間が集まり、激しい反発行為に及んだのは産業革命期の英国で起こったラッダイト運動が最初だった。労働者たちによる機械や工場施設の打ち壊し騒動が数十年にわたって繰り広げられた。時を経た現在、ＡＩの普及によって新たな打ち壊しが起きるかもしれない。

こう書いても現実味を感じられないかもしれない。「今は労働者の権利が守られており、暴発はあり得ない」「職場のパソコンを破壊しても何の意味もないと誰もが知っている」「イノベーションが新しい職業をより多く生み出す。これは歴史が証明している」など、否定する理由はいくらでもあるからだ。

確かに我々は歴史から学び、技術革新の負の側面とも折り合いを付ける術を身に付けてきたかに見える。コンピュータの登場によっては単純な事務作業の仕事がなくなり、その後のＩＴの進展に伴い、企業の間接部門の仕事は縮小してきている。それでも打ち壊しなどは起こらず、むしろ技術革新がもたらした恩恵を享受してきた。

ところがＡＩは事情が異なる。ＡＩは作業を効率化するだけでなく、人間並みにあるいは人間の能力を超えて判断を行えるため、仕事を奪うだけではなく、仕事を奪う判断までＡＩが担うかもしれないからだ。

仕事を奪う点についてはかつての機械よりも広範囲な影響が出る。「日本の労働人口の約四十九パーセントが技術的には人工知能やロボット等により代替できるようになる可能性が高い」と野村総合研究所は英オックスフォード大学との共同研究において推定した。「技術的には」と書いているように野村総研は「実際に代替されるかどうかは労働需給を含めた社会環境要因の影響も大きい」としつつ、上記の試算に「社会環境要因は考慮していません」と注記している。

ＩＴリサーチ大手の米ガートナーはＡＩが二〇二〇年に百八十万件の仕事を消滅させる一方、二百二十万件の新しい仕事を創出すると予測する。技術革新とはそういうものであるが、企業が配置転換によって雇用を維持できるとは限らない。仕事を失った者がＡＩの生む新しい仕事に就けるかどうかはわからない。

もう一つ悩ましいのは、企業の人材採用や昇進のプロセスにＡＩを活用する動きが始まっていることだ。過去の実績データに基づいて適材を選別しようとする。一定の効果を上げていると言われるが、こうした人間の人生を左右する判断に使おうとするとＡＩは構造的な弱点を抱える。

まず判断の理由を説明できない。ＡＩは大量データによる機械学習やディープラーニングを経て未知のデータに対する判断力を磨き、囲碁で人間を打ち負かしたような判断を下せる。だが、学習の仕組みはブラックボックスであり、なぜそう判断したか、それが正しいのかという問いに対して、根拠を説明することはできない。

さらに人事評価の場合、対象者が全く新しい挑戦に取り組んだり、かつてない才能を発揮したりしたことに対して、ＡＩは正当な判断を下せるかどうかわからない。ＡＩが学習するのは過去のデータであり、それに含まれる成功例も失敗例も過去のものである。公平性の問題もある。人種、性別、生誕地などに対する誤った評価が過去のデータに含まれていたら、あってはならない偏見をＡＩは引き継いで判断しかねない。公平性は重大な研究テーマだが妙案はまだ出てきていない。

ＡＩによる判断に対し、対象者から「なぜ私が」と問いつめられてＡＩは論理的な根拠を示して説明することができない。疑念が生じれば相手の得心の行く説明は容易ではなく、「ＡＩの判断は参考程度に使っただけ」と釈明して済むとは限らない。

機械と人間の微妙な関係を甘く見るべきではない。機械に人生を曲げられた違和感、機械を安易に利用した企業への不信感、これらの感情が積もる中で企業が対応を誤れば、ＳＮＳなどを通じて違和感と不信感を持つ人々が連帯していくだろう。新たな打ち壊しが向かうのは機械そのものではなく、企業ブランドになるはずである。

094 ＡＩ傍観

●ビジョン無くして戦力化できず

ＡＩに関わる不確実性を列挙してきたが、それでもＡＩはすべての組織、すべての人が関わり方を考えるべき技術である。自分たちはＡＩを上回る力を発揮できるのか、ＡＩに置き換わるのか、あるいはＡＩを活用して自らの価値を高めていくのか。これは組織の存続、個人の働き方・生き方を左右する問いと言える。

ＡＩの傍観者や評論家になるではなく、「自分ごと」として捉えられるかどうかによって、大きな差が出てくる。自分ごととして捉えて向き合えば大きな戦力となる。傍観者にとってＡＩは、いつになっても遠い存在のままだ。使いこなせるかどうかは各組織、各人次第の意識と行動力次第である。

ＡＩの不確実性は危機にもチャンスにもなりうる。前述した「ＡＩによってなくなる仕事」を悲観的なシナリオとして受け取ることもできれば、「ＡＩに任せられる仕事」として積極的に考えることもできる。

「仕事があるのに、それを担う担当者がいない」と人手不足を嘆くこともできるが、現在の仕事をブレークダウンし、これまで人間の能力に頼っていた作業をＡＩに託し、人間しかできない作業を人間が担うこともできる。

例えば、ＬＰｉｘｅｌ（エルピクセル）という画像ＡＩを開発するスタートアップ企業がある。同社の医療画像診断支援システムは、Ｘ線ＣＴやＭＲＩ、内視鏡などの診断技術が進化すると共に増える読影医や病理医の作業を軽減する。日経デジタルヘルスによると、マウスの原発がん／転移がんの例で専門医の診断精度が七十パーセントにとどまるところを、同社のシステムにより九十九・六パーセントの精度で診断できたという。国内外の大学や研究機関、メーカーがこの技術に注目、共同研究するなど連携を強めている。

ＡＩをさらに使いやすくするための研究開発も進む。例えば手書き認識とディープラーニングの組み合わせなどに取り組んできたベンチャー企業のＵＥＩ、ソニーコンピュータサイエンス研究所（ＣＳＬ）、ベンチャーキャピタルの米ＷｉＬは「広く多くの人々がＡＩの恩恵を受けられること」を目指し、ギリア（ＧＨＥＬＩＡ）を二〇一七年に共同設立した。ギリアはＡＩを簡易に作成するためのツールや作成したＡＩを取り引きできるマーケットプレイスを提供していく。ＡＰＩ経由で他のＡＩの機能も活用できるようにする。

ＧＡＦＡなど米国勢が大きな影響力を持つとは言え、未開拓の市場はたくさんある。「ＡＩを活用したどのような製品やサービスで世の中の何を変えたいのか」といったビジョンやコンセプトが重要になる。

ディープラーニングの特性を活かして新しい付加価値を生み出しつつある企業に、サイバーセキュリティのスタートアップ、米Ｃｙｌａｎｃｅ（サイランス）がある。同社は過去に出回った大量のマルウエア（ウイルスを含む悪意を持って開発されたプログラム）をAIに学習させ、「マルウエアらしさ」を自動検知するようにし、これを利用者の端末で使えるようにした。従来のように、新種のマルウエアの発生を検地した後に対策ソフトを開発し配布するやり方よりも早くマルウエアに対処できることになる。これが成功すると既存の対策ソフトを開発する企業は事業の存続が問われるかもしれない。

第十章筆者名一覧

日経ＢＰ総研　フェロー

　桔梗原富夫

日経ＢＰ総研　イノベーションＩＣＴラボ

　星野友彦

　瀬川弘司

　井出一仁

　渡辺享靖

　菊池隆裕

　森側真一

　谷島宣之

第十二章

リスクをチャンスにするために

「アサンプションマネジメント」の勧め

095

リスクマネジメント形骸化

●識別して一安心

リスクとは「目的の達成に影響を与えかねない不確実な何か」であり、この定義に沿ってビジネスを揺るがしかねないリスクをここまで列挙してきた。まとめとなる本章であるべきリスクマネジメントについて考えてみたい。

リスクマネジメントの定義は「見えにくいリスクを見出し、悪い影響を回避すると共に、良い影響をできるだけ大きくする」ことにする。だが、現実にはなかなかそうできない。

リスクマネジメント自体は古くから注目されており、近年では組織全体が取り組むＥＲＭ（エンタープライズリスクマネジメント）と呼ばれている。十年ほど前には内部統制が重要視された。ＣＲＯ（チーフリスクオフィサー）を置く組織も出てきている。

組織としてリスクをしっかりマネジメントしていこうとしているのに、実際にはリスクが悪影響を与えるものとして相変わらず発生している。良い影響を大きくし、チャンスに変えるどころではない。

組織立って取り組んでも機能しないのはリスクマネジメントが形骸化しているからだろう。管理職などにリスクマネジメント研修を実施し、リスクの識別を要請、シートに記入してもらい、回収する。リスクマネジメント推進部門はリスクを多数識別でき、優先順位を付けられた。記入を終え、シートを提出した管理職は目の前の本業に没頭する。

形は整えたわけだがこれだけでは機能しない。ＩＳＯのマネジメントシステムを取り入れたときに見られた、資料を作って安心する形式主義がリスクマネジメントにおいても出てきている。リスクの識別にばかり目を向ける。書式や手順を整えることに精を出す。これこそリスクマネジメント形骸化というリスクである。このリスクからチャンスは出てこない。

096

「リスク回避」の回避

●回避策をとれるリーダーはいるか

リスクマネジメントにおいてはリスクを識別した後、そのリスクが発生したときの対応策を決める。それが起きると経営に危機をもたらすものについては「回避」する手立てを考える。それほどではないが悪影響が想定されるものは「軽減」ないし「受容」する。

大雪に伴う交通手段の混乱というリスクを考えてみよう。大雪が降った日に街頭で街行く人の声をテレビ番組が流すことがある。「早く帰るようにします」「スノータイヤにしてきました」というのは「軽減」であり、「泊まる準備をしてきました」は「受容」になる。だが、多くの人が「早く帰る」という軽減策をとると、駅が混雑し入場制限がかかり、電車になかなか乗れなかったりする。スノータイヤを付けていてもスリップ事故に巻き込まれる場合もある。大雪のような自然現象に回避策をとるのは本来難しいが、例えば在宅勤務の制度を使って出社しない、出社させない、というのは回避策の一つになる。

発生すると経営に打撃を与えかねないリスクの場合、前述の通り、回避策を真剣に考え、リスクが発生したらその策を断行しなければならない。ところが多くの場合、識別しておいたリスクに軽減策しかとれず、大雪の例のように悪影響を受けてしまう。

経営危機につながる何かを回避する策それ自体が痛みを伴うことも多く、断行する決断をなかなか下しにくい。「そこまで大変なことにはならない」と逡巡しているうちに、取り返しがつかない事態になることもある。腹をくくり回避策をやってのけるタフな経営幹部がいなければリスクマネジメントは機能しない。

097

思い込み

●「大丈夫なはず」は大丈夫ではない

リスクマネジメントが難しいのは、リスクが見えないからである。たとえ識別はしていても

「目で見ないと納得できない」「実際に起きてみないと動けない」ということになりがちだ。目の前に危機が迫ってきて、ようやく腰を上げ、回避しようとしてもそれは難しい。

識別にしても、頭で考えたもの、あるいは類似案件で過去に発生したものを列挙しているに過ぎない。見過ごしているものがあれば、それが発生したとき、直撃を受けてしまう。

リスクマネジメントのコンサルタントである峯本展夫プロジェクトプロ代表取締役は「人間に必ずついてまわる思い込みに手を打たなければならない」と指摘する。先の大雪の例で言うと、人は「雪が積もればスリップするかもしれないが自分は大丈夫なはず」と思い込んでしまう。だからスリップ事故を識別していても回避できない。

高齢者の運転事故にも同じような思い込みがある。いくつかの事故が大きく報道され、警察も広報に努めており、高齢者の運転事故というリスクは識別されている。これに対しては軽減も受容もありえない。回避しかない。すなわち運転を止める。だが、高齢者は「自分は大丈夫なはず」「今回は大丈夫なはず」と無意識のうちに思い込みがちだ。

このようにリスクを識別していても、対応策を講じたとしても、それらが人の思考にしっかり結びついていないと行動できない。言い換えると思い込みが邪魔をして腹に落ちない。だからリスクマネジメントが形だけの取り組みになる。

識別できなかった事象が発生し、悪影響を受けてしまうのも、思い込みによるところが大きい。組織内外を見渡しても過去に一度も起きていなかった珍しい何かが起きたのならさすがに回避は難しいが、しばしば起きるのは間違いないと思い込んでいたことが変わってしまう事態である。ある前提をおき、仕事を進めていたとして、その前提が覆ると、とたんに危機を招いてしまう。「できていたはずだった」「約束していたはずだった」と口に出ることから分かる通り、その前提や約束は目の前にあったのだが「大丈夫なはず」と思い込み、前提が変わりつつあることに気づけなかった。

098 地球寒冷化

●食料不足とインフラ機能不全を引き起こす

思い込みというものを考える材料として「地球寒冷化」を取り上げてみよう。書き間違いではない。地球の気温が下がっていくと警告する研究者や学者、研究機関は存在する。

その中で話題になった一例は英ノーサンブリア大学のバレンティーナ・ザーコバ教授の見解であろう。同教授は二〇一五年七月、「二〇三〇年にも地球はミニ氷河期（mini ice age）に入る」という予測を英国天文学会で発表した。

これまで太陽は活発な時期と停滞する時期を繰り返してきた。ザーコバ教授によると現在は停滞期に入っており、二〇三〇年に向けて気温が下がっていき、寒冷期になるという。同じ二〇一五年の十一月には米航空宇宙局（ＮＡＳＡ）が人工衛星を使って南極の氷床を計測し、氷が溶けている地域と氷が増えている地域の両方があり、南極全体として氷床は増えていると発表した。NASAの計測が正しいなら、温暖化に逆行する事象と言える。

NASAは太陽の活動状況を把握する指標として黒点の計測に取り組んでおり、二〇一八年一月から二月にかけて黒点が無い状態が続いていると報告した。太陽の活動が停滞しつつある兆候とみなせるので、これをもって寒冷化が進んでいるとする指摘がある。二〇一八年の酷暑の後に寒冷化と言われても、と思われるかもしれないが、八月に北海道宗谷地方の稚内市沼川で最低気温が六・一度まで下がったというニュースもあった。

とはいえ、気候変動に関する論文や発表そして報道の多くは地球温暖化についてであり、地球寒冷化を主張する学者や機関の意見は少数派に見える。太陽の活動（黒点の動き）と地球寒冷化に何の関係もない、と全面否定する指摘は少なくない。

リスクマネジメントの観点から言うと、地球が寒冷化していくのか、温暖化していくのか、白黒を付けることに意味はない。気候変動のメカニズムや太陽との関係について分かっていないことはまだまだある。確実なのは、誕生以来、地球は温暖化と寒冷化を繰り返してきたということである。どちらかだけを確実に起きる前提としてとらえることはリスクマネジメントの立場からすると適切ではない。

そもそも気候変動という大規模かつ複雑な現象を単純な因果関係で説明できるのかどうか、そこからして定かではない。寒冷化の論者は前出の通り、太陽活動の停滞により地球の気温が低下するという因果関係を主な論拠とする。これに対し、温暖化の論者は温室効果ガスが増加し、気温の上昇を招くという因果関係を論拠にしている。

寒冷化も温暖化もそれぞれ、国際的な研究機関や政府関連機関、権威ある学者グループが主張している。どちらの機関も学者グループも様々なデータを見つけ出し、因果関係のモデルをつくり、コンピュータを駆使してシミュレーション結果を出し、報告書を発表する。

どれだけ精緻な分析をしたとしても、寒冷化も温暖化も理論あるいは仮説であって、起きるか起きないか、不確実なままである。シミュレーションをする際には前提条件を決めないと結果を出せないが、前提条件の設定自体に寒冷化派か温暖化派によって異なる思惑が入ることは避けられない。

つまり寒冷化と温暖化は両方ともリスク（不確実）である。実際に発生する確率の高低にこだわらず、発生時の悪影響がどれほど深刻になるかを見極め、影響が大きいものについては対応策を検討、用意しておく必要がある。

温暖化については多くの企業が対応策を中長期計画などに取り入れている。温暖化対策に不熱心ということで株価が下がるリスクを回避する意図もある。

寒冷化についてはどうか。発生時の影響は甚大である。気温が下がること自体の影響に加え、天候不順になると光合成に影響する。穀物や野菜など食料の栽培と収穫が難しくなり、食料不足になりかねない。欧州では寒冷化に強い種子の研究があるという。

寒冷化は交通、電力、水道といった社会インフラに打撃を与える。たった一つの部品の不具合によってインフラ全体が機能不全を起こすことがありえる。それを先取りしたかのような事故が一九八六年に起きたスペースシャトル、チャレンジャーの爆発と言える。事故の原因は打ち上げ日の異常気象による気温低下により、固体燃料補助ロケットを密閉する「Oリング」に使われていたゴムが硬化し、高温ガスの漏洩を招いたことだった。

社会インフラを支える各種機器について、現状では特定地域で使用するものを除き、寒冷化対策が施されているとは言い難い。人類が体験した前回の寒冷期は十七世紀から十八世紀、産業革命の時代にまでさかのぼる。それ以降、ざっと三百年の間、人類は寒冷期の経験がないまま今日に至っている。

099

東京五輪

●危ないと言われるが本当はどうなのか

「思い込み」と「地球寒冷化」の項で「思い込み」そして「前提」という言葉を使った。実はこの二つは英語で言うと共に「アサンプション（Assumption）」になる。「想定」「仮定」という意味もある。前出の峯本氏はリスクマネジメントに代わって、「アサンプションマネジメント」を提唱している。以下、峯本氏の提案を紹介する。

アサンプション（思い込み、前提）も「目的の達成に影響を与えかねない不確実な何か」であり、識別し、アサンプションが変わったときの影響が大きいようなら、対応策を用意する。リスクマネジメントと同じように見えるが、思考と姿勢が大きく異なる。

アサンプションは「正しいと仮定、想定した何か」である。正しい、確実であるという人間の意思決定の結果であり、それが正しく、確実であることが望まれる。前提は正しくないと困るし、思い込みもそれが正しいのであれば結構なことだ。したがってアサンプションマネジメントは「正しいはずの何かを識別し、正しさを確認していく」、前向きな取り組みになる。不確実な何かが起きたとき、それをチャンスに変えていくこともできる。

一方、リスクマネジメントにおけるリスクとは標準的なプロセスに従って、その発生確率と影響度を評価したものであり、人間の意思決定の根拠になる。ただし、「どこで失敗しそうか」「似た案件でミスが起きた箇所はどこか」というように、どうしても後ろ向きの姿勢になりやすい。目の前の問題点を列挙することに気を取られがちになり、もっと大事な事項や前提、思い込みを見落としかねない。失敗やミスを洗い出し、「起きそうかどうか」に気を配る姿勢ではチャンスをつかみにくい。

アサンプションを識別するにあたっては、経営やビジネス、組織あるいはプロジェクトを見渡し、「大丈夫なはず、と思っているが本当はどうか」と見直していく。プロジェクトリーダーであれば計画書を読み返し、前提条件の記述があれば「実際どうなのか」と検討する。前提条件として明記されていない暗黙の前提もあるから「何が変わったら一番影響を受けるか」と考えてみる。経営幹部は事業計画を立てる際、前提を意識し、極力明記する。

アサンプションを見出すこつは、物事や事象に「はず」という言葉を付けてみることだ、と峯本氏は助言する。例えば「このまま売り上げが伸び続けると人手が足りなくなるので二つの組織を一緒にして対処したい」といった提案を聞いたら「売り上げが伸び続けるはず、人手が足りなくなるはず、それは本当か」と自問する。売り上げ増は正しかったとしても、人手のほうは例えば、ある仕事のやり方に固執していたため、「どうしても何人必要、だから人手不足になる」と思い込んでいたことに気付く。やり方を変えてみると人手は足り、組織変更も不要になった。しかも生産性を高める可能性も出てきた。こうなると不確実からチャンスを引き出したことになる。

このようにアサンプションとしてとらえることで、より大きな、本質的な対応策がとれる。不確実な何かが発生した際の「良い影響をできるだけ大きくする」取り組みができ、リスク（不確実）をチャンスにしていける。

アサンプションを見出したらそれが変化するかどうか、指標を作ってモニタリングする。再び高齢者の自動車運転を例にとると、「私は大丈夫なはず」というアサンプション（思い込み）に対し、「急ブレーキを踏んだ回数」などを指標とし、計測する。最近は「ドライブ診断」や「運転力診断」という名前のスマートフォンアプリがあり、「急発進」「急ブレーキ」「急ハンドル」をモニタリングし、記録を残せる。運転するたびに回数が増えていくようであれば、その変化を運転手に見せ、「大丈夫なはず」というアサンプションが正しくなくなりつつあることに気付いてもらう。そうすれば、事故を起こす前に運転を止めるという回避策をとれる。

アサンプションをモニタリングするときの注意点として峯本氏は「第三者の視点でデータを取得してほしい」と指摘する。誰が聞いても納得できるデータでないと、思い込みを外せない。データを取るというと面倒に聞こえるが、定性的なものでも構わない。高齢者の運転であれば、同乗者が運転者を観察し、「運転中に疲れた素振りを見せた回数」「運転中に怒り出した回数」を、あるいは同乗者として「ひやりとした回数」を数えておく。これらは第三者ではなく同乗者の視点から得たデータではあるが、説得に使える。

このようにアサンプションのモニタリングは、識別したアサンプションの妥当性を確認するためのものである。上記の例で言うと指標を見ることで「大丈夫なはず」というアサンプションには妥当性がなく、思い込みだったと分かる。一方、リスクマネジメントでも識別したリスクについてモニタリングをするが、それは当初識別したときの発生確率と影響度にその後変化がないかどうかを確認し、そのリスクを引き続き意思決定の根拠にしてよいかを検証するためのものである。これも必要ではあるが、ともすると「引き続きそのリスクを注視していこう」といった待ちの姿勢になる恐れがある。

本書はカントリーリスクをあえて取り上げなかったが、北朝鮮情勢やイスラム情勢、米国とロシアの関係、米国と中国の関係などが、どのようなアサンプション（前提）で成立しているか、と考え、その前提が崩れたときの対応を考えておくことができる。

アサンプションを考える格好の題材がある。東京オリンピックである。すでに開催期間中の交通・移動の混雑や停滞、国際空港の発着陸回数の増大とそれに伴う航空管制の負荷、入管手続きの増大、酷暑対策、サマータイム導入、といったことが指摘されている。ビジネスへの影響もある。建築・土木であれば、工事費の高騰、労災増加、設計・施工ミス増加などだ。

　こうした事項に「はず」を付けて考えてみる。ビジネスチャンスに変えるアイデアがひらめく可能性がある。

100 鈍感経営

●しなやかな思考でチャンスをつかむ

　日経BP総研の研究員らが今後二〇三〇年までを展望し、リスクを洗い出した際、経営者に関するものが複数あった。例えば「文系脳経営」（情緒的かつ非合理的かつ非挑戦経営）、「慎重経営」（バブル崩壊後の三十年間に出世した人は慎重だが部下が提案するアイデアを判断できない）などである。

　しかし理系であれば合理的に考えるとは限らないし、挑戦するとも言い切れない。文系であっても理系の参謀と組めばよい。慎重であることは欠点ではなく、部下の提案を評価できないこととは別である。

　大事なのは思考のしなやかさではなかろうか。アサンプション（思い込み、前提）を見出し、正しくない思い込みであるならそれを止め、前提を見直すには、柔軟な思考が求められる。合理的論理的に考えることは必要だが、同時に情緒的感覚的に物事をとらえることも求められる。思い込みや前提に気付くのは論理というより直観であったりするからだ。

ゲームのルールが変わり、産業の再定義が進むと、ビジネスの前提は変わってしまう。それに気付かず、すぐ目の前にある問題に必死で取り組んでも、型通りの標準的なリスクマネジメントをしても、悪しき影響を回避できないし、チャンスをつかめない。

本書はビジネスに影響を与えるリスクを九つの分野に分けて整理した。当然、不確実な何かは九つの分野外にもたくさんあるし、複数の分野にまたがるものもある。それらにも対応していくには、思考の力を高めていくしかない。

第一章で述べた通り、本書で紹介した百のリスクは「未来について試みうる」ヒントである。思考を深めることで、これらを題材にアサンプションを見出し、チャンスに変えていけるだろう。

第十一章筆者名一覧

日経BP総研

谷島宣之

日経BP総研
日本経済新聞社の100%子会社、日経BP社のリサーチ&コンサルティング部門。日経ビジネスなど経営誌、日経トレンディなど生活情報誌、日経アーキテクチュア、日経エレクトロニクス、日経コンピュータ、日経メディカルなど技術専門誌の編集長や記者経験者など、総勢80人を抱える。研究員の知見、人脈、情報発信力を生かし、企業や団体の経営改革、人材戦略、事業創出、マーケティング・顧客開拓を支援する。本書ではビジネスを揺るがすリスクを100件選び、解説している。

日経BP総研2030展望
ビジネスを揺るがす100のリスク

2018年10月29日　第1版第1刷発行
2018年11月16日　第1版第2刷発行

編著者　日経BP総研
発行者　望月洋介
発　行　日経BP社
発　売　日経BPマーケティング
〒105-8308　東京都港区虎ノ門4-3-12
装　幀　小口翔平（tobufune）
制　作　松川直也（日経BPコンサルティング）
印刷・製本　大日本印刷株式会社

ISBN 978-4-8222-5617-3
Printed in Japan